Secretul Narcisistului

De Ce Te Urăște (și ce să faci în privința asta)

Dan Desmarques

22 Lions

Secretul narcisistului: De ce te urăște (și ce să faci în privința asta)

Scris de Dan Desmarques

Copyright © 2024 de Dan Desmarques. Toate drepturile rezervate.

Nici o parte a acestei publicații nu poate fi reprodusă sau transmisă sub nicio formă sau prin niciun mijloc, electronic sau mecanic, inclusiv prin fotocopiere, înregistrare sau prin orice sistem de stocare și recuperare a informațiilor cunoscut sau inventat ulterior, fără permisiunea scrisă a editorului, cu excepția unui recenzent care dorește să citeze scurte pasaje în legătură cu o recenzie scrisă pentru a fi inclusă într-o revistă, ziar sau emisiune.

Index

Introducere	VII
1. Capitolul 1: Ostilitatea ascunsă	1
2. Capitolul 2: Efectele frecvenţelor de joasă energie	5
3. Capitolul 3: Lupta invizibilă	9
4. Capitolul 4: Contradicţiile minţii narcisiste	13
5. Capitolul 5: Evoluţia gândirii	17
6. Capitolul 6: De ce narcisiştii rămân la fel	21
7. Capitolul 7: Când faptele bune nu sunt răsplătite	25
8. Capitolul 8: Confruntarea cu minciunile narcisiştilor	29
9. Capitolul 9: Cum să combateţi manipularea narcisistă	33
10. Capitolul 10: Identificarea frazelor declanşatoare	39
11. Capitolul 11: Povestea a două boli mintale	47
12. Capitolul 12: Confuzia dintre iubirea de sine şi narcisism	51
13. Capitolul 13: Paradoxul iubirii narcisiste	55

14. Capitolul 14: Când victimele își oglindesc abuzatorii 59

15. Capitolul 15: Dinamica puterii în relațiile narcisiste 63

16. Capitolul 16: Natura insidioasă a abuzului narcisist 69

17. Capitolul 17: Sabia cu două tăișuri a abuzului narcisist 73

18. Capitolul 18: Atracția durabilă a legăturilor toxice 77

19. Capitolul 19: Prietenii narcisiste 81

20. Capitolul 20: Relațiile tranzacționale 85

21. Capitolul 21: Înțelegerea și tratarea narcisismului 89

22. Capitolul 22: Demascarea narcisistului 95

23. Glosar 99

24. Bibliografie 103

25. Cerere de recenzie de carte 107

26. Despre autor 109

27. Scris tot de autor 111

28. Despre editor 117

Introducere

Într-o lume în care relațiile interpersonale devin din ce în ce mai complexe, înțelegerea subtilităților comportamentului uman nu a fost niciodată mai importantă. Această carte, Secretul narcisistului: De ce te urăște (și ce să faci în privința asta), pătrunde în lumea enigmatică a narcisismului, punând în lumină motivațiile ascunse, tiparele distructive și impactul profund al indivizilor narcisiști asupra oamenilor din jurul lor.

Pe măsură ce navigăm prin labirintul societății moderne, întâlnim adesea indivizi care par să funcționeze pe o altă lungime de undă - cei care emană un aer de superioritate, îi manipulează pe alții cu ușurință și lasă în urma lor o dâră de devastare emoțională. Aceștia sunt narcisiștii dintre noi, iar prezența lor poate fi simțită în relațiile noastre personale, la locul de muncă și chiar în cele mai înalte eșaloane ale puterii.

Această carte își propune să deslușească rețeaua complexă a comportamentului narcisist, oferind cititorilor o înțelegere cuprinzătoare a motivelor pentru care narcisiștii acționează așa cum o fac, a modului în care îi afectează pe oamenii din jurul lor și, cel mai important, a modului în care se pot proteja de influența lor toxică. Bazându-ne pe cercetări ample, observații clinice şi experienţe din viaţa reală, explorăm natura multifaţetată a narcisismului, de la rădăcinile sale în trauma din copilărie până la manifestarea sa în relaţiile dintre adulţi.

În aceste pagini, vom examina diferitele faţete ale tulburării narcisiste de personalitate, inclusiv clasificarea sa în cadrul tulburărilor de personalitate din grupul B, bazele sale neurobiologice şi implicaţiile sale sociale. Vom pătrunde în lumea interioară a narcisistului, descoperind insecurităţile şi temerile profunde care îi determină comportamentul şi vom explora modul în care acestea se manifestă în interacţiunile cu ceilalţi. Dar această carte nu este doar despre înţelegerea narcisiştilor, ci şi despre împuternicirea celor afectaţi de comportamentul lor.

Cartea oferă strategii practice pentru identificarea trăsăturilor narcisiste, stabilirea limitelor şi protejarea de manipulare şi abuz. De asemenea, vom explora călătoria de vindecare pentru cei care au fost victime ale abuzului narcisist, oferind îndrumări pentru reconstruirea stimei de sine şi recâştigarea unui sentiment de identitate.

Pe măsură ce ne îmbarcăm în această călătorie de descoperire, este important să reţineţi că termenul „narcisist" nu este folosit cu uşurinţă sau ca un termen umbrelă pentru personalităţile dificile. În schimb, abordăm acest subiect cu nuanţă şi profunzime, recunoscând spectrul de trăsături narcisiste şi interacţiunea complexă a factorilor care contribuie la dezvoltarea lor.

Fie că sunteţi un profesionist din domeniul sănătăţii mintale care doreşte să aprofundeze înţelegerea tulburării de personalitate narcisistă, o persoană care suspectează că se află într-o relaţie cu un narcisist sau pur şi simplu o persoană interesată de psihologia umană, această carte oferă informaţii valoroase şi instrumente practice pentru a naviga pe terenul dificil al relaţiilor narcisiste.

Până la sfârşitul acestei cărţi, cititorii nu numai că vor avea o înţelegere mai clară a comportamentului narcisist, dar vor fi şi echipaţi cu cunoştinţele şi strategiile necesare pentru a se proteja şi a prospera într-o lume în care narcisismul pare să fie în creştere. Haideţi să începem împreună această călătorie de înţelegere, vindecare şi împuternicire.

Capitolul 1: Ostilitatea ascunsă

Atunci când narcisiştii îşi dau seama că imaginea lor este ameninţată de decizia altcuiva, vor face tot posibilul să inverseze situaţia şi să facă ca cealaltă persoană să pară că a greşit. Acest lucru poate include provocarea celeilalte persoane şi apoi filmarea în secret a reacţiilor acesteia, şi chiar editarea rezultatului pentru a face să pară că cealaltă persoană are probleme psihice şi este periculoasă fără niciun motiv logic. Reporterii fac acest lucru tot timpul, deoarece sunt specializaţi în fabricarea de ştiri atunci când nu au nimic de spus. Dar narcisiştii sunt mai predispuşi să facă acest lucru atunci când percep un pericol în viitorul apropiat, motiv pentru care nu ar trebui să oferiţi niciodată informaţii unui narcisist. Acesta o va denatura şi o va folosi împotriva ta.

Reţineţi că ei percep totul ca pe o ameninţare, chiar şi avertismentele prietenoase, şi se vor răzbuna doar pe baza acestei percepţii. Nu este neobişnuit ca un narcisist să urască persoana care a încercat cel mai mult să îl ajute, pentru că percepe ajutorul ca pe o ostilitate ascunsă şi o foloseşte împotriva celorlalţi. Ei îşi proiectează propriile intenţii manipulatoare asupra celor care încearcă cu adevărat să îi ajute. Un alt lucru pe care îl fac este să perceapă o amenințare din mediul lor ca fiind concurență și apoi să facă tot posibilul pentru a se asigura că cealaltă persoană este concediată sau arestată. Ei pot face acest lucru prin răspândirea de zvonuri care îi fac pe ceilalți să urască persoana respectivă.

Adesea, însă, amenințarea vine din partea unui soț care are mai multă credibilitate printre membrii familiei sau a unui prieten care este mai înțelept și capabil să distingă minciunile de adevăr. Chiar și un elev care este capabil să pună întrebările potrivite este văzut ca o amenințare de către profesorii care nu vor ca ceilalți să știe despre fațada lor, despre manipulările lor și despre ignoranța lor absolută atunci când își fac meseria. De exemplu, am fost extrem de urât când eram elev pentru că nu aveam alt motiv decât să pun întrebările potrivite în loc să accept tot ce se spunea în clasă ca ceilalți. Acești profesori mă calomniau adesea în conversațiile lor, după cum mi-au spus unii dintre ei, pentru că erau obsedați de ura lor față de mine.

Mi-a luat ani de zile să înțeleg de ce, pentru că eram doar un elev care punea întrebări pe care ei le considerau normale. Mai târziu, mi-am dat seama că acești oameni lucrează activ pentru a submina sau sabota imaginea socială a unei persoane cu scopul de a o îndepărta din poziția sa sau de a o discredita, ceea ce în acest caz înseamnă să încerce să o facă să pice și să fie exmatriculată. Acesta este motivul pentru care nu mi s-a permis niciodată să-mi văd foile de examen după ce au fost corectate. Le-au ascuns și mi-au arătat doar nota finală. Când am protestat împotriva situației prin mijloace legale, ei s-au folosit de răspunsul meu pentru a mă calomnia și mai mult în fața altora.

Şi-au intensificat eforturile de a mă expulza atunci când am cerut dreptate. Au răspândit mai multe poveşti şi zvonuri false despre mine, deoarece eram considerată o ameninţare, şi i-au întors pe alţii împotriva mea, astfel încât nimeni să nu mă asculte. Au avut dreptate? Într-un fel, au avut, pentru că eu i-am demascat. Nu le-am tolerat niciodată abuzurile şi chiar i-am înfruntat atunci când altora le era teamă să-şi spună părerea, chiar dacă în secret îmi mulţumeau pentru că eram vocea lor.

Am fost pedepsită pentru că am fost sinceră, altruistă, curajoasă, corectă şi pentru că am reprezentat nevoile altor elevi de a fi auzite. Nu am spus niciodată ceva ce ceilalţi nu puteau vedea, dar le era prea frică să vorbească.

Exact aşa câştigă narcisiştii întotdeauna, făcând un exemplu din ţapul ispăşitor şi făcându-i pe ceilalţi să se teamă că vor fi următorii. În zilele noastre, nu-l pot arde de viu într-o piaţă publică, aşa că îl umilesc. Intenţia este aceeaşi: să-i ardă integritatea într-o piaţă publică.

Nu există nimic rezonabil de făcut cu aceşti oameni, cu excepţia expulzării lor din toate instituţiile. Ei sunt paraziţi şi demoni în cel mai bun caz şi nu pot fi comparaţi sau trataţi ca oamenii obişnuiţi. Credibilitatea pe care o dobândesc ca profesori şi terapeuţi nu înseamnă nimic, deoarece nu aplică nicio ştiinţă sau integritate în munca lor.

Capitolul 2: Efectele frecvențelor de joasă energie

Am confruntat odată un psiholog care își încuraja pacientul să folosească medicamente, atât psihotrope, cât și psihoactive, ignorând faptul că această persoană avea gânduri suicidare. Ea chiar i-a spus pacientului că este normal să se gândească la sinucidere, ignorând pericolul în care se afla pacientul. În loc să vorbească cu mine despre utilizarea psihologiei pentru a abuza psihologic o persoană, a fugit de mine. I-am spus că este o psihopată care ar trebui internată într-o instituție psihiatrică în loc să câștige bani de pe urma altora în timp ce îi abuzează în terapie, dar ea a reacționat ca un copil și pur și simplu a fugit de mine.

Acest lucru s-a întâmplat în Lituania, care, potrivit Organizației Mondiale a Sănătății (OMS), se află de obicei pe primul loc în ceea ce privește rata sinuciderilor la 100 000 de persoane. De asemenea, Lituania se află de obicei printre primele cinci țări din lume în ceea ce privește sinuciderile. Dar în timp ce oamenii încearcă să ghicească cauzele, ei sunt cu mult înaintea tuturor: proprii lor psihologi. Acesta, în special, scrie pentru reviste, are un blog și chiar îndrumă alți psihologi în activitatea lor. Sună prea suprarealist pentru a fi adevărat, dar este mult mai comun decât vor oamenii să creadă.

Deși lituanienii înșiși sunt unii dintre cei mai murdari, grosolani și proști oameni pe care i-am întâlnit vreodată, terapeuții lor fac o cultură deja degradantă mult mai rea decât este deja. Singurul motiv pentru care cineva ar dori să călătorească în Lituania este să vizitezi cel mai mare muzeu în aer liber al narcisismului din lume: cultura lor. Aici puteți vedea oameni care se subestimează reciproc, fac cele mai stupide presupuneri despre toată lumea, judecă tot timpul, bârfesc negativ despre alții fără niciun motiv anume, cu excepția invidiei și a unui sentiment iluzoriu de aroganță și, mai rău, pun sticlă și pietre în supă, fac pizza cu brânză stricată și ciuperci stricate, fac sushi cu orez stricat, chiar și mucegai pe orez, și refolosesc cești de cafea care nu au fost spălate niciodată. Este o demonstrație completă de mizerie și ipocrizie, dar este și cea mai evidentă demonstrație de narcisism atunci când este înrădăcinată într-o cultură.

Îți vor spune că sticla sau piatra pe care ai găsit-o în mâncare a fost un accident, ca și cum acest lucru nu se întâmplă tot timpul și intenționat, când urăsc clienții și chiar le vorbesc nepoliticos. Vor nega că nu spală paharele și farfuriile, deși am văzut asta cu ochii mei. De asemenea, vor spune că oamenii nu s-au holbat la tine agresiv, ci că au fost prea timizi să vorbească cu tine. Aceste reacții fac parte, de asemenea, din ceea ce fac narcisiștii atunci când le ceri o explicație. Se numește negarea propriei realități, astfel încât să crezi că tu ești cel nebun, nu ei.

Deşi cred că Lituania şi Polonia ar putea concura pentru primul loc la rasism, xenofobie şi ignoranţă, lituanienii sunt deosebit de antagonici în sensul că dau peste oameni pe care îi urăsc, în special călătorii care arată diferit de localnici. De asemenea, ei judecă oamenii după culoarea pielii şi nici măcar nu-şi schimbă drumul dacă o persoană de culoare merge în aceeaşi direcţie pe stradă. Mai rău, dacă eşti negru, străinii de pe stradă le vor spune albilor de lângă tine, în propria lor limbă, să fie atenţi şi să te evite.

A vorbi despre Lituania şi Polonia este ca şi cum ai vorbi despre Ţara celor cu retard mintal şi Ţara naziştilor, pentru că ele sunt exact şi cu mândrie ceea ce istoria şi statisticile moderne spun despre ele. Singurele excepţii pe care le-am găsit în aceste ţări provin de la imigranţii lor. Dar împreună, aceste două naţiuni ar putea reprezenta Statele Unite ale Narcisismului.

Deşi unele naţiuni au mai mulţi bolnavi mintali decât altele, adesea din cauza culturilor care promovează bolile mintale, trebuie să ştiţi că ceea ce numim oameni toxici, oameni opresivi, oameni proşti, psihopaţi, sociopaţi sau pur şi simplu narcisişti, printre alte tulburări de personalitate de grup B, aşa cum sunt clasificate de Manualul de diagnostic şi statistică a tulburărilor mintale (DSM-5) publicat de Asociaţia Americană de Psihiatrie, se referă la indivizi care exprimă o anumită stare mintală în cadrul unei anumite vibraţii care le este comună.

Aceasta nu este doar o teorie sau o opinie, deoarece poate fi măsurată şi puteţi simţi când cineva din cameră are o vibraţie mai ridicată decât dumneavoastră. Această frecvenţă alterată în câmpul energetic este percepută ca o ameninţare pentru ei, chiar dacă acea persoană nu a deschis niciodată gura să vorbească sau este pur şi simplu un străin pe cont propriu.

Am văzut acest lucru întâmplându-se altor persoane şi mie însumi de nenumărate ori, inclusiv persoane care îşi întorceau faţa spre mine când nu eram aproape sau în faţa lor, sau care fugeau de mine de frică, doar pentru că simţeau un pericol când stăteam singur pe o bancă într-un parc sau într-o cafenea, fără să facă nimic pentru a justifica acest comportament.

Capitolul 3: Lupta invizibilă

Mulți oameni reacționează într-un mod foarte schizofrenic atunci când sunt în preajma mea, fără alt motiv decât cum se simt, pentru că frecvența lor energetică este extrem de scăzută. Îmi amintesc că odată mă plimbam pe insula Chios din Grecia și am văzut o femeie îmbrăcată complet în negru, care stătea pe o bancă cu vedere la mare. Mi-a simțit prezența și și-a întors imediat capul spre mine de frică. Când m-a văzut, s-a ridicat și a început să alerge în direcția opusă, uitându-se înapoi să vadă dacă o urmăresc. Dar eu eram doar o persoană obișnuită, îmbrăcată ca un localnic și îmi vedeam de treburile mele. Mergeam singur și aș fi trecut pe lângă ea fără să spun nimic dacă ar fi continuat să stea pe aceeași bancă. Reacția ei paranoică nu avea niciun sens, cu excepția cazului în care te uiți la explicația frecvențelor energetice. Ea avea un câmp energetic negativ și prezența mea, chiar și de la distanță, i-a declanșat nesiguranța.

Nu am fost surprins pentru că asta mi se întâmplă tot timpul. Dar nu mă aștept ca oamenii obișnuiți să înțeleagă acest lucru pentru că sunt orbi la aceste informații. Cu toate acestea, am fost intrigat de studenții care au spus că se simt mai energici, motivați și fericiți în prezența mea, fără un motiv anume. Ei mi-au arătat că, dacă o persoană este predispusă la o frecvență mai înaltă, o va absorbi în mod natural și va beneficia de ea, în loc să se teamă de ea. Dacă acest lucru nu se întâmplă, va exista teamă și anxietate în mintea narcisistului, care poate plănui o modalitate de a elimina individul cu frecvență mai înaltă din mediu prin defăimare.

Într-un caz specific, unul dintre colegii mei din Statele Unite a fost surprins ascultându-mi cursul din spatele ușii pentru a obține informații pe care le-ar putea folosi împotriva mea.

Cei care văd aceste lucruri și nu le pot înțelege tind să raționalizeze comportamentul pentru a evita confruntarea cu realitatea din fața lor, deoarece aceasta scapă percepției lor asupra lumii. Este atât de departe de realitate pentru marea majoritate a oamenilor încât refuză să creadă atunci când se întâmplă în fața ochilor lor. Oamenii din jurul meu au încercat să inventeze motive care nu erau suficient de valide pentru a înlocui faptul că am fost agresat fără alt motiv decât vibrația mea. Agresorul însuși raționalizează adesea motivele pentru care mă urăște, pentru că nu are niciunul pe care să-l poată verbaliza, motiv pentru care mai întâi provoacă și insultă. Ei încearcă să obțină acel motiv.

Aceste lucruri s-au întâmplat atât de des în viața mea încât m-am simțit fără speranță, ca și cum aș fi înnebunit din cauza atâtor atacuri constante, în timp ce restul societății nega faptele chiar și atunci când le vedea cu ochii lor. A trebuit să ajung la concluzia că oamenii obișnuiți refuză să vadă ceea ce nu pot înțelege și, prin urmare, refuză să își creadă ochii atunci când nu au nicio explicație în mintea lor pentru ceea ce văd. Ca urmare, am reușit să înțeleg aceste situații doar cufundându-mă în diverse subiecte religioase. Prin intermediul unor experți în cunoaștere secretă și exorcizare am obținut în sfârșit răspunsurile. Cu toate acestea, nu puteam înțelege de ce mă atacau și mi-a luat mult mai mult timp să realizez acest lucru, deoarece fusesem instruită de doi părinți narcisiști să nu văd niciodată aceste lucruri.

Abia când m-am deschis către adevăratul meu potențial ca spirit, totul a ieșit la lumină. Acum mă aștept ca aceste lucruri să se întâmple din cauza importanței muncii mele în lume și a încrederii mele reînnoite în abilitățile mele. Așadar, în loc să lupt împotriva naturii răului, am învățat să o accept pur și simplu ca stare a lumii. Mulți sunt orbi, alții sunt rău pur, iar acolo unde merge lumina, întunericul reacționează cu disconfort.

Fiind antrenată în arta telepatiei, cunoștințele mele au ajuns la un nivel cu totul nou, deoarece nu mi-am imaginat niciodată cât de incredibil de dezgustătoare și bolnavă poate fi mintea unui narcisist. Faptul că am putut să citesc în mintea mamei mele, să îi redirecționez și chiar să îi anulez gândurile m-a făcut să realizez cât de obsedată era de a mă subestima și de a mă invalida, ca și cum nu și-ar fi putut controla nevoia de a mă ataca și ar fi fost chinuită de asta. Am văzut exact același lucru la partenerii narcisiști care vărsau lacrimi când relația se încheia ca urmare a propriilor comportamente negative compulsive.

Narcisiștii nu sunt doar bolnavi mintal, ei sunt receptacule ale influenței demonice de cea mai joasă natură. Societatea nu are nici cunoștințele, nici discernământul pentru a se ocupa de aceste persoane, iar psihiatria este departe de a le înțelege cu adevărat dincolo de acțiunile lor. De fapt, starea apatică a maselor le determină să nege dovezile din fața ochilor lor și să respingă influența negativă a narcisismului ca fiind justificabilă atunci când vine vorba de găsirea unui țap ispășitor pentru a evita să se privească pe ei înșiși și să facă față pericolelor reprezentate de narcisiștii din jurul lor.

Capitolul 4: Contradicțiile minții narcisiste

Deși societatea presupune în mod eronat că cel mai bun răspuns la oamenii răi este să nu le dai niciun motiv, adevărul este că atâta timp cât vibrația ta este suficient de ridicată, vei fi ținta acestor oameni cu vibrație joasă, care adesea acționează ca receptacole pentru entități demonice tocmai pentru că sufletul tău este lipsit de energie vitală și vibrația ta este suficient de scăzută pentru a atrage astfel de entități. Ei și-au coborât vibrația prin alegere, comițând crime despre care nu vor ca ceilalți să afle, folosind droguri care le modifică mintea și nutrind gânduri de resentiment față de alții, chiar dacă cauza este un părinte care i-a traumatizat pe viață sau pur și simplu gelozia.

Nu este neobișnuit ca o femeie care a fost abandonată de tatăl ei sau care și-a văzut tatăl abuzând-o fizic pe mama ei în copilărie să devină o narcisistă care urăște mereu bărbații și nu are încredere în femei, sau chiar să nutrească resentimente față de femei în timp ce pretinde că le ajută. Acesta a fost cazul unei femei ucrainene pe care am cunoscut-o, care a fost abandonată de tatăl ei în copilărie și apoi a decis să lucreze ca psiholog ajutând femeile care trec prin divorţ. Ea a recunoscut, de asemenea, că nu poate rezolva problemele nimănui.

Am întâlnit mulţi psihologi care fac exact acest lucru, dar cu fiecare act împotriva societăţii, individul respectiv îşi perpetuează starea mentală şi se afundă şi mai mult în abisul fricii, unde îşi poate găsi liniştea doar prin manipularea, subminarea şi degradarea celorlalţi. Acesta este motivul pentru care mulţi dintre aceşti oameni suferă teribil din cauza propriei minţi şi caută în mod constant alinare în metode alternative, aşa cum a fost cazul acelui psiholog ucrainean care căuta în mod constant răspunsuri şi nu le putea găsi. Ea însăşi se simţea singură şi nu-şi putea găsi un partener la vârsta de 35 de ani.

Se pare că ea căuta răspunsuri în aceeaşi măsură în care căuta justificări pentru convingerile sale, pentru că acesta este ciclul în care intră narcisiştii atunci când refuză să meargă dincolo de raţionalizarea lor a lumii. Un narcisist te poate insulta de o mie de ori şi apoi, când îi răspunzi, să spună: „Vezi, ştiam că te prefaci că eşti altcineva pentru că nu eşti o persoană drăguţă".

Ei îi văd pe ceilalţi aşa cum se văd pe ei înşişi, aşa că nu cred că cineva se poate preface că este altcineva atât de mult timp. Cu alte cuvinte, nu pot crede că oamenii pot fi sinceri, deoarece în creierul narcisistului, unu este egal cu doi şi zero. Sau, aşa cum îmi spunea mama narcisistă: oamenii sunt răi şi trebuie să înveţi să fii mai deştept decât ei.

Acesta este de fapt modul în care narcisiştii se văd pe ei înşişi în lume, ca victime ale unui rău mai mare, în care propriul lor rău este justificat de nevoia de a supraviețui în acest iad. De aceea, ei cred că moralitatea este pentru cei slabi și onestitatea pentru cei proști. Ei apreciază doar înșelăciunea, motiv pentru care filmele preferate ale narcisiștilor sunt adesea enumerate drept Lista lui Schindler, Basic Instinct, Talentatul domn Ripley, Nymphomaniac, Lupul de pe Wall Street, Ex Machina. Ce au în comun aceste filme? Indivizi care obțin succesul prin înșelăciune și care înșală pe toată lumea.

Narcisiștii se studiază pe ei înșiși prin intermediul filmelor la fel de mult cum studiază ocultismul, nu pentru că ocultismul este rău în sine, ci pentru că ei caută modalități de a obține informații despre alți oameni care nu le-au fost spuse niciodată. Un narcisist nu reflectează aproape niciodată asupra comportamentului său, chiar și atunci când vrea să o facă, motiv pentru care ajunge să se adâncească în manipularea sa atunci când se studiază pe sine. Singurul motiv pentru care un narcisist ar merge la un terapeut este pentru a afla mai multe despre propriile victime. Aproape fiecare narcisist are un pachet de cărți de tarot ascuns undeva, nu pentru a se studia pe sine, ci pentru a studia persoanele pe care le cunoaște.

Din aceleași motive, nu este neobișnuit ca mulți psihologi eșuați care suferă de narcisism să exploreze utilizarea cartomanței, a runelor și a altor metode divinatorii în practica lor, cu intenția de a se vindeca pe ei înșiși și pe alții, recunoscând în esență eșecul psihologiei de a-i ajuta. Cu toate acestea, la fel cum narcisiștii caută terapie pentru a-și îmbunătăți tacticile, terapeuții narcisiști le oferă pacienților lor eșecul lor absolut prin metode mai manipulatoare și degradarea în continuare a societății, pe care le prezintă ca modalități inovatoare de a-i ridica pe ceilalți, bazate pe practici și studii oculte.

Ei fac același lucru prin intermediul religiei, motiv pentru care poate fi atât de confuz să găsești violatori și pedofili printre liderii religioși. La începutul anilor 2000, Arhiepiscopia din Boston s-a aflat în centrul unui scandal major privind abuzul sexual asupra minorilor de către preoți. Ancheta a dezvăluit că biserica a acoperit sistematic aceste abuzuri timp de decenii. John Geoghan, un preot catolic din Arhidieceza de Boston, a fost acuzat că a abuzat sexual mai mult de 130 de copii pe o perioadă de 30 de ani. Dar povești de pedofilie și viol se regăsesc și în rândul guru-lor hinduși, al învățaților islamici, al călugărilor budiști, al autorităților sikh și al rabinilor evrei.

Capitolul 5: Evoluția gândirii

Ceea ce pot face narcisiștii nu are sfârșit, așa cum am văzut de multe ori de-a lungul anilor. Ei chiar scriu cărți despre metode alternative sau își inventează propriile metode și le dau nume mistice, cum ar fi conexiuni cosmice, iar apoi folosesc titlul de psiholog sau doctor pentru a da mai multă credibilitate distrugerii lor, când actul în sine este o contradicție totală a ceea ce ar trebui să fie știința.

Deloc surprinzător, aceștia sunt aceiași oameni care confundă creierul cu sufletul și spiritul, amestecându-le ca și cum ar face un smoothie cu ingrediente diferite.

Pe de altă parte, creierul nu este compartimentat, așa cum ne învață neurologia, contrazicându-se adesea în propriile teorii, ci acționează ca o mașinărie integratoare care funcționează pe baza stării spirituale a individului, iar acest lucru înseamnă că, dacă individul își îndreaptă atenția către negativism, resentimente și autodepreciere, aceste emoții vor acționa ca catalizatori pentru creier și acesta se va schimba în consecință.

Confuzia între întregul creier și părțile sale, sau între creier și suflet, personalitate și spirit, este cauza principală a tuturor neînțelegerilor, atât în știință, cât și în religie, și nu este surprinzător faptul că narcisiștii sunt cei care perpetuează, promovează și consolidează cel mai mult această confuzie. Dar dacă arma preferată a narcisistului este confuzia, opusul este, de asemenea, ceea ce narcisiștii se tem cel mai mult: claritatea, perspicacitatea și obiectivitatea.

Cu cât înțelegeți și știți mai multe, cu atât mai mult puteți rezista haosului pe care narcisiștii îl promovează și vă puteți distanța de acea lume. Așadar, ce fac narcisiștii pentru a opri mințile curioase ca a ta? Ei scriu cărți care promit răspunsuri și adaugă și mai multă confuzie minții tale. De asemenea, ei înlocuiesc nevoia ta de a înțelege cu imperativul de a memora sau de a fi pedepsit prin sistemul de învățământ sau prin orice altă metodă de învățare pe care o folosești.

În esență, narcisiștii fac tot ce le stă în putință pentru a vă împiedica să înțelegeți ceva și, cu atât de mulți dintre ei în lume, nu este surprinzător faptul că încrederea, sau capacitatea de a fi de încredere, a devenit o calitate atât de rară. Cu toate acestea, chiar și acest lucru este atacat de narcisiști, deoarece aceștia fac tot posibilul pentru a discredita persoana cea mai demnă de încredere. Narcisiștii fac acest lucru tot timpul când îmi analizează cărțile, lăsând insulte care nu spun nimic despre conținut. Autorul este rău, nebun, narcisist și psihopat sunt printre aceste insulte.

Narcisiștii câștigă de obicei pentru că restul populației este suficient de proastă, apatică și neinformată încât să creadă orice sau cel puțin să considere că este o opinie prostească, lipsită de orice bun simț. Mulți oameni nu vor găsi niciodată răspunsurile pe care le caută pentru că un narcisist a scris o minciună despre un autor sau despre cartea sa.

Este păcat că oamenii sunt păcăliți atât de ușor. Ignoranța este într-adevăr distrugerea lor în multe alte moduri decât cele percepute cu ochiul liber. Dar lumea nu va fi un loc mai bun dacă vom permite acestei dinamici să continue. Narcisiștii sunt mult mai activi în distrugerea lumii decât alți oameni în lăudarea celor care îi ajută și contribuie la o lume mai bună. Un narcisist va investi miliarde pentru a distruge o națiune, dar o persoană obișnuită rareori va plăti ceva pentru o carte.

Potrivit unui sondaj realizat în 2018 de Pew Research Centre în Statele Unite, aproximativ 24% dintre adulții americani au declarat că nu au citit nicio carte, dar în același an, Statele Unite au investit 740 de miliarde de dolari în activități militare.

Sunteți un prost dacă credeți că narcisiștii vor schimba această dinamică și nu se vor strădui să o înrăutățească. Narcisiștii nu sunt interesați de educarea unei populații. Ei sunt interesați să câștige mai multă putere prin degradarea și sărăcirea altora, așa că acolo își investesc timpul și eforturile.

Oamenii sunt victimele propriei lor prostii atunci când își investesc timpul în lupta cu alte grupuri de oameni în loc să citească, dar idiotul mediu este mai probabil să ia o armă pentru a împușca pe cineva cu orice scuză are în minte decât să ia o carte pentru a învăța ceva nou.

Dacă oamenii ar petrece mai mult timp citind, ar petrece mai puțin timp judecând și bârfind despre alții. Persoana care este preocupată să îi judece pe ceilalți cu siguranță nu are cu ce să își ocupe mintea, pentru că este imposibil să asculți o carte audio și să rămâi concentrat pe ceea ce fac ceilalți oameni din jurul tău.

Capitolul 6: De ce narcisiștii rămân la fel

Narcisiștii sunt previzibili prin orice diagnostic psihiatric, tocmai pentru că terapeuții nu abordează cauzele, ci pur și simplu îi fac pe oameni să se acomodeze cu efectele, învățându-i adesea că ei sunt doar un efect al bolii altor oameni și că nu pot face nimic în această privință. Sau mai rău, folosesc metode mistice pentru a-i învăța că a fi acest efect este calea vieții lor, degradându-i astfel prin folosirea unor învățături false.

Pentru a-și schimba situația, individul trebuie să își reformeze întreaga stare de a fi, ceea ce, în majoritatea cazurilor, nu se va întâmpla niciodată, tocmai pentru că s-au atașat de această personalitate artificială și se tem să o piardă și să devină nimic, luând-o de la capăt pentru a învăța cum să fie oameni. Oamenii răi profită de această realitate atunci când o folosesc împotriva persoanei pentru a pretinde că se află pe o cale spirituală, pentru că astfel pot profita mai mult de pe urma acestei credințe, suprimând în același timp nesiguranța individului în spatele falsei lor încrederi sau a încrederii absolute într-o teorie falsă.

Aceasta este aceeași tactică pe care o folosesc mulți predicatori și de aceea este atât de eficientă. Ei profită de faptul că oamenii vor să fie iubiți și acceptați, nu schimbați și judecați. Știu acest lucru pentru că, ori de câte ori am putut să-i ajut pe acești oameni, exact asta mi-au spus: „Nu mai știu cine sunt și mi-e frică".

Această stare nu ar dura mult pentru că nimeni nu vrea să se teamă de necunoscut, chiar dacă acel necunoscut este o graniță imaginară în mintea lor. Ca urmare, ei caută rapid ancore de validare care să-i înrădăcineze înapoi la vechiul sine. Acest lucru înseamnă să caute colegi și colegi care să îi ajute, fie făcându-i să îl urască pe cel care încearcă să îi ajute, fie pur și simplu distragându-i atenția narcisistului cu medicamente și convingându-i să facă greșeli care să pună în pericol terapia pe care o primesc. Ei continuă să regreseze la starea lor anterioară până când, în cele din urmă, nu se mai schimbă din cauza epuizării. Acesta este motivul pentru care nu pot fi schimbați.

Întreaga societate face tot posibilul pentru a-i împiedica să se schimbe, ca și cum o legiune de demoni ar veni în ajutorul lor pentru a-i împiedica să vadă lumina. Cei mai răi oameni pe care îi întâlnești sunt de obicei cei pe care narcisistul îi numește cei mai buni prieteni, pentru că narcisistul este un copil subdezvoltat, un idiot într-un corp de adult. Ei preferă să moară proști decât să se schimbe, convinși că este mai bine să moară ca ceea ce aprobă ceilalți decât să fie singuri în fericire. Nici măcar nu cred că un astfel de lucru există, așa că râd de orice învățătură spirituală care arată o cale către un sine superior și îi denigrează constant pe cei care urmează căi spirituale. Mulți dintre ei susțin că eu inventez ceea ce scriu pentru că nu cred şi chiar urăsc ideea că aceste informaţii ar putea ajuta pe cineva.

Ei au repulsie faţă de a se ajuta pe ei înşişi şi pe alţii, aşa că îi urăsc pe cei care oferă ajutor eficient. Dacă narcisistul devine un profesionist într-un domeniu care ar trebui să-i ajute pe alţii, va perverti informaţiile şi procesul. Acesta este motivul pentru care medicii îşi ucid pacienţii tot timpul sub pretextul unor diagnostice greşite, de ce părinţii îşi trimit copiii la şcoli unde aceştia sunt intimidaţi şi bătuţi sau chiar ucişi în bătăi şi jafuri şi de ce profesorii mint în mod deliberat cu statisticile pentru a-şi impune propria agendă socială elevilor.

Am putea discuta dacă aceşti oameni sunt într-adevăr proşti, doar aroganţi sau răi. În general, ei sunt toate trei, în timp ce alteori sunt în mod clar răi şi doar par proşti. Oricum ar fi, ei sunt hotărâţi să reuşească în obiective pe termen scurt sau în sarcini care produc rezultate rapide şi vizibile, mai degrabă decât să gândească pe termen lung, motiv pentru care se concentrează pe împiedicarea celorlalţi, mai degrabă decât pe planificarea viitorului sau pe căutarea unor acorduri. Maledicţia lor este, în esenţă, o încercare de a opri pe oricine reprezintă o ameninţare pentru ei, chiar dacă acea ameninţare este imaginară. Ei sunt hotărâţi să oprească societatea şi să o ducă înapoi din acelaşi motiv, pentru că înjosirea celorlalţi îi face să se simtă mai siguri pe ei.

Unul dintre motivele pentru care câştigă în acest joc este acela că ştiu că majoritatea oamenilor sunt egoişti, astfel încât narcisistul le poate exploata nevoile prin acest egoism şi apoi le poate câştiga încrederea, mai ales dacă aceşti oameni sunt prieteni ai persoanei pe care încearcă să o vizeze. De exemplu, o asistentă narcisistă se poate oferi să ajute o rudă cu probleme de sănătate şi apoi să folosească situaţia pentru a calomnia pe cineva pe care îl urăşte, şi va face acest lucru cu grijă după ce va câştiga încrederea persoanei bolnave care acum se simte îndatorată faţă de asistentă.

Aceştia folosesc aceeaşi tactică pentru a urca pe scara socială, deoarece nu se pricep prea bine să câştige încrederea oamenilor prin munca lor, pentru că este practic o făcătură. În schimb, sabotează imaginea altora pentru a obţine un avantaj, şi fac acest lucru după ce îi studiază cu atenţie şi le copiază cele mai bune trăsături pentru a se preface că sunt superiori.

Capitolul 7: Când faptele bune nu sunt răsplătite

Veţi şti cine vă sunt duşmanii şi mai ales cine v-a trădat încrederea atunci când aveţi nevoie de ajutor şi toată lumea vă abandonează, inclusiv persoanele pe care le-aţi ajutat, fie că a fost pentru a obţine un loc de muncă sau pentru a depăşi singurătatea şi dificultăţile financiare. Pe lângă narcisişti, oamenii proşti au în general o memorie scurtă, aşa că nu au empatie sau simţul responsabilităţii faţă de cei care îi ajută. La un moment dat îţi cer ajutorul, iar o oră mai târziu, când suni şi ceri acelaşi lucru, îţi spun: Succes!

Am ajutat oameni să înceapă o afacere care nu mi-au oferit nici măcar o canapea pe care să dorm, iar asta spune multe despre nivelul de egoism al oamenilor, fie pentru că îi cunoşti de mulţi ani sau pentru că sunt membri ai familiei. Mirosul gunoaielor este acelaşi, aşa că i-am eliminat din viaţa mea pe toţi cei în care nu pot avea încredere.

Este trist să te gândeşti că nu poţi avea încredere cu adevărat în majoritatea oamenilor, pentru că sunt lipsiţi de valoare. Dar nici măcar nu este util să îi ajuţi pentru că te trădează.

Odată, una dintre cititoarele mele mi-a cerut să lucreze pentru mine şi i-am spus că am nevoie de cineva care să mă ajute să-i traduc cărţile. Mi-a cerut 5.000 de dolari în avans şi, când a văzut cantitatea de muncă, a spus că nu o va face. Mi-ar fi dat banii înapoi dacă aş fi plătit-o? Probabil că nu! Dar atunci, care este rostul cărţilor mele dacă cititorii încearcă să îşi înşele autorul preferat? Care este standardul lor moral? De ce ar trebui să scriu o carte într-o astfel de lume?

Când folosesc termenul „oameni proşti", aş putea spune „idioţi", „indivizi toxici", „narcisişti", „sociopaţi" sau „psihopaţi", dar cuvântul în sine nu contează, pentru că încă nu există suficientă claritate pe planetă pentru a înţelege sensul şi amploarea a ceea ce încerc să spun, şi anume că există o mare populaţie pe această planetă care nu merită nimic din ceea ce primesc, nici măcar simpatie pentru nenorocirea lor. Există la fel de mulţi narcisişti cu putere ca şi oameni care nu îi respectă şi abuzează de cei care îi ajută. Implicarea unui element în cauza răului este la fel de rea ca şi a celuilalt.

Nu ne putem imagina o lume mai bună cu tehnologie avansată fără a lua în considerare nevoia de mai multă onestitate, integritate, altruism, bunătate, empatie, creativitate şi fiabilitate în societate. Progresele în confortul şi eficienţa sistemelor şi instituţiilor lumii nu vor exista niciodată fără progrese în calităţile umane.

Dacă le permiteți narcisiștilor să câștige, veți plăti prețul în karma autoprovocată - problemele din viața de zi cu zi. Pentru că nu vor exista niciodată mai mult spirit antreprenorial, mai multe idei și o știință mai bună, nici măcar mai multă onestitate și un nivel mai ridicat de angajament față de binele comun, indiferent de rasă, credință sau culoare, dacă narcisiștii continuă să suprime aceste lucruri și să îi degradeze pe cei mai importanți, harnici și inovatori oameni dintre noi. Acest lucru nu se va întâmpla niciodată atâta timp cât narcisiștii pot trage pe toată lumea în jos, pot degrada valorile umane, pot corupe legea și pot degrada moralitatea în timp ce ocupă poziții de superioritate morală și de putere.

Narcisiștii sunt ostili față de cei care au mai mult potențial și, în general, degradează sentimentul de identitate al unei persoane. Dacă sunteți un copil, efectele pot dura mult timp. De exemplu, îmi amintesc că părinții mei îmi spuneau că sunt inutilă pentru că nu știu să gătesc, dar nu m-au învățat niciodată și nu au cerut nimănui să mă învețe. În schimb, erau fericiți să folosească faptul că trebuiau să mă hrănească pentru a mă umili, iar aceasta a fost una dintre multele tactici pe care le-au folosit pentru a mă abuza psihologic. Mai târziu, am învățat să gătesc pentru mine și sunt mândră să spun că gătesc mai bine decât multe dintre restaurantele în care mănânc în întreaga lume, dar nu am nicio motivație să gătesc pentru mine și poate că nu voi avea niciodată. Dacă nu gătesc pentru alte persoane, nu mă interesează să mănânc ceea ce prepar. Părinții mei au distrus această bucurie pentru totdeauna.

Când crești într-un mediu toxic, mai ales când ești înconjurat din toate părțile de idioți, îți poate lua ani de zile să realizezi ce ți s-a întâmplat cu adevărat. Majoritatea oamenilor nici măcar nu-ți vor permite să faci asta pentru că sunt atât de incredibil de proști încât presupun că aceste povești sunt inventate sau că tu meriți cumva ceea ce ți s-a întâmplat.

Mulți oameni s-au sinucis pentru mult mai puțin, dar rareori, dacă nu chiar niciodată, ucigașii lor ajung la închisoare, deoarece abuzul psihologic nu este o crimă la fel de evidentă ca înjunghierea cuiva. Cu toate acestea, poate fi mai distructiv, nu doar atunci când implică sinuciderea, ci și pentru că efectele durează o viață întreagă, iar impactul este mult mai mare decât cel al unei răni fizice - înseamnă să pierzi pe toți cei pe care îi cunoșteai, inclusiv pe tine însuți și ceea ce te făcea fericit, și să fii nevoit să îți începi viața de la capăt, de mai multe ori dacă este necesar.

Între timp, ai o țintă pe spate care spune că ești o victimă. Te comporți ca o victimă, gândești ca o victimă și s-ar putea să nici nu știi, pur și simplu pentru că ți-ai petrecut întreaga copilărie speriat de consecințele gândurilor tale și rușinat că trăiești.

Capitolul 8: Confruntarea cu minciunile narcisiștilor

Unul dintre motivele pentru care narcisiștii și empaticii pot fi ușor confundați este că amândoi urmăresc iubirea, iubirea pe care nu au avut-o niciodată. Diferența este că empaticul caută validarea prin acțiunile sale, în timp ce narcisistul caută validarea prin minciunile sale.

Foarte puțini oameni își dau seama de diferență, motiv pentru care narcisistul câștigă de obicei. Narcisistul câștigă pe termen scurt pentru că reușește să păcălească o mulțime de oameni, dar pe termen lung știm că munca asiduă și dedicarea față de viață câștigă întotdeauna pentru că construiesc caracterul și conduc la mai multe experiențe și, de asemenea, la mai multe oportunități în viață.

Impresia că empaticul pierde este o iluzie, pentru că are de-a face cu oamenii pe care trebuie să îi lase în urmă atunci când își găsește propriul drum, oameni care l-au abandonat în favoarea narcisistului. Empaticul poate pierde doar dacă se uită pe sine, ceea ce narcisistul dorește atunci când îi scade stima de sine. Empaticul pierde, de asemenea, dacă se teme să-i jignească pe ceilalți oameni și evită să fie în dezacord cu ei sau dacă dezvoltă o teamă irațională de succes din aceste motive. Acest lucru se poate întâmpla și dacă au o frică irațională de pedeapsă.

În același mod în care narcisiștii sunt specializați în subminarea potențialului de succes al altor persoane, empaticii devin experți în subminarea propriului potențial, adesea punându-se la pământ atunci când realizările lor în viață arată contrariul. Confundăm comportamentul empatic cu umilința, în loc să îl vedem pentru ceea ce este cu adevărat: autodepreciere și autodevalorizare.

Empaticul poate, de asemenea, să se confunde pe sine atunci când crede că este umil, dar sentimentele sale despre sine și gândurile sale sunt foarte clare și se explică de la sine:

- Autodeprecierea este o formă extremă de devalorizare, motivată de obicei de sentimente de vinovăție, rușine sau inutilitate. Exemplu: „Sunt un eșec total, nu pot face nimic bine, sunt inutil".

- Autodeprecierea implică atât autodevalorizarea, cât și diminuarea propriei valori. Poate fi folosit într-un sens mai larg pentru a include atât umilința, cât și autodeprecierea. De obicei, implică o imagine de sine negativă și o tendință de a minimaliza abilitățile sau realizările unei persoane. Exemplu: „Întotdeauna greșesc. Nu sunt suficient de inteligent pentru această slujbă. Nu sunt făcut pentru succes".

- Autodeprecierea constă în a face remarci denigratoare la adresa propriei persoane, de obicei într-un mod amuzant sau batjocoritor. Poate fi o modalitate de a devia criticile, de a părea umil sau de a-i face pe ceilalți să se simtă mai confortabil. Cu toate acestea, atunci când este dusă la extrem, poate fi și un semn de stimă de sine scăzută. Exemplu: „Oh, sunt doar un bucătar jalnic. Nu ar trebui să vă așteptați prea mult de la mâncarea mea".

- Autodevalorizarea implică subevaluarea sau subestimarea abilităților, valorii sau contribuțiilor unei persoane. Acest lucru provine de obicei dintr-o lipsă de încredere sau de stimă de sine și poate duce la nerecunoașterea propriilor puncte forte și realizări. Exemplu: „Nu cred că sunt calificat pentru această promovare. Există o mulțime de oameni care sunt mai buni decât mine".

Acești termeni surprind o nuanță diferită a modului în care empaticii se pot înjosi sau își pot subestima valoarea. Dar pentru a înțelege de ce empații au interiorizat aceste sentimente și gânduri despre ei înșiși, trebuie să luăm în considerare ceea ce au auzit în copilărie și care le-a cauzat. Câteva exemple de fraze narcisiste comune sunt:

- „Ești întotdeauna atât de sensibil. Trebuie să fii mai puternică".

- „Nu ești atât de special pe cât crezi că ești. Ești la fel ca toți ceilalți".

- „Nu te poți descurca. Ar trebui să te dai la o parte și să lași pe cineva mai competent să preia conducerea."

- „Nu ești atât de bun pe cât crezi că ești. Ești doar mediocru."

- „Nu meriți efortul. Ar trebui să renunți".

Aceste afirmații sunt menite să submineze stima de sine și încrederea empaticului, făcându-l să își pună la îndoială abilitățile și valoarea. Narcisistul folosește aceste tactici pentru a menține controlul și superioritatea, determinându-l adesea pe empatic să interiorizeze sentimente de inadecvare și îndoială de sine.

Capitolul 9: Cum să combateți manipularea narcisistă

Luați în considerare exemplele de fraze narcisiste de mai jos și folosiți-le pentru a identifica narcisiștii trecuți sau prezenți în viața dumneavoastră. Începeți-vă călătoria de vindecare afirmând opusul a ceea ce ați auzit.

A) Combaterea autodeprecierii - Această categorie se concentrează pe frazele care diminuează valoarea și fericirea unei persoane:

A.1. Sunt demn de iubire și de lucrurile bune din viață. Merit fericirea și succesul.

Contra: Nu ai nicio valoare. Nu meriți nimic bun în viață.

A.2. Sunt pe o cale de creștere și succes. Voi realiza lucruri mărețe.

Împotrivă: Ești un eșec total. Nu vei ajunge niciodată la nimic.

A.3: Fac tot ce-mi stă în putință și progresez. Nu sunt o dezamăgire.

Împotrivă: Eşti o dezamăgire. Întotdeauna dezamăgeşti pe toată lumea.

A.4. Sunt important şi sentimentele mele sunt importante. Merit să fiu tratat cu respect.

Împotrivă: Sentimentele tale nu contează. Nu sunt suficient de importante încât să îţi pese de ele.

A.5. Am puterea de a face schimbări pozitive în viaţa mea. Sunt capabil să îmi ating obiectivele.

Împotrivă: Nu puteţi schimba nimic. Pur şi simplu nu aveţi capacitatea de a vă atinge obiectivele.

B) Combaterea autodeprecierii - Această categorie include frazele care subestimează inteligenţa, abilităţile şi potenţialul unei persoane:

B.1. Sunt inteligent şi capabil. Pot face faţă oricărei provocări care îmi iese în cale.

Împotriva: Nu eşti suficient de inteligent pentru a face faţă. Lasă pe altcineva să o facă.

B.2. Sunt destinat succesului. Nu voi accepta limitările care îmi sunt impuse de alte persoane.

Împotrivă: Nu sunteţi destinat succesului. Ar trebui pur şi simplu să vă acceptaţi limitările.

B.3 Sunt capabil să învăţ şi să mă îmbunătăţesc. Nu sunt definit de greşelile mele din trecut.

Împotrivă: Pur și simplu nu ești suficient de bun. Ar trebui să renunțați.

B.4 Am intuiții și idei unice care sunt valoroase. Sunt creativ și inventiv.

Împotrivă: Ideile tale sunt stupide. Nu ești creativ sau inventiv.

B.5 Sunt capabil să învăț lucruri noi și să mă adaptez la schimbare. Salut creșterea și provocările.

Împotrivă: Nu poți învăța lucruri noi. Nu vei fi niciodată capabil să te adaptezi sau să te schimbi.

C) Respingerea autodeprecierii - Această categorie include fraze care minimalizează sau ridiculizează abilitățile și competențele unei persoane:

C.1. Sunt un bucătar bun și competent în bucătărie. Mă aștept la lucruri mărețe de la gătitul meu.

Contrapondere: Oh, ești doar un bucătar jalnic. Chiar nu ar trebui să aștepți mare lucru de la gătitul tău.

C.2 Sunt priceput și capabil. Sunt bun la această sarcină.

Contra: Nu ești foarte bun la această sarcină. Poate ar trebui să vă limitați la sarcini mai simple.

C.3 Sunt competent și de încredere. Pot face față acestei responsabilități.

Împotrivă: Nu sunteți suficient de de încredere pentru a vă ocupa de ea. Ar trebui să o lăsați pe seama cuiva mai capabil.

C.4 Comunic bine şi îmi exprim gândurile în mod eficient. Am încredere în abilităţile mele.

Împotrivă: Sunteţi groaznic la exprimare. Ar trebui să păstrezi tăcerea.

C.5 Sunt organizat şi eficient. Îmi gestionez bine timpul şi responsabilităţile.

Împotrivă: Eşti foarte dezorganizat. Nu poţi gestiona nicio responsabilitate.

D) Contracararea autodeprecierii - Această categorie include frazele care desconsideră sau subestimează talentele, contribuţiile şi atuurile unei persoane:

D.1. Sunt talentat şi capabil. Sunt realist cu privire la abilităţile şi punctele mele forte.

Contra: Nu eşti atât de talentat pe cât crezi. Trebuie să fii mai realist cu privire la abilităţile tale.

D.2. Am o contribuţie semnificativă la echipa mea şi la proiectele mele. Contribuţia mea este valoroasă.

Împotrivă: Nu contribuiţi prea mult. Ar trebui să-i lăsaţi pe alţii să preia conducerea.

D.3 Sunt valoros şi contribuţia mea este apreciată. Sunt un avantaj pentru echipa mea.

Împotrivă: Nu contribuiţi suficient. Ar trebui să vă daţi la o parte.

D.4: Eforturile mele sunt recunoscute și apreciate. Fac o diferență în munca mea.

Împotrivă: Nimănui nu-i pasă de eforturile tale. Nu faci cu adevărat diferența.

D.5: Aduc puncte forte și perspective unice echipei mele. Contribuția mea este esențială.

Împotrivă: Punctele tale forte sunt irelevante. Contribuția ta nu este nici necesară, nici dorită.

Capitolul 10: Identificarea frazelor declanșatoare

Î n timp ce secțiunile anterioare s-au concentrat pe combaterea directă a frazelor narcisiste, frazele declanșatoare sunt mai subtile și mai insidioase. Aceste fraze sunt menite să provoace răspunsuri emoționale specifice și să manipuleze percepțiile și sentimentele victimei.

Frazele declanșatoare sunt de obicei folosite pentru a confunda, învinui sau respinge experiențele victimei, creând îndoială și confuzie. Înțelegerea și recunoașterea acestor elemente declanșatoare este fundamentală, astfel încât victimele să poată combate tacticile de manipulare și să-și reafirme realitatea și stima de sine.

În exemplele de mai jos, veți găsi următoarele:

1 - Frazele folosite de narcisist și scopul lor.

2 - Declanșatori: Răspunsul emoțional sau psihologic imediat prevăzut pentru frază. Dacă este folosită frecvent, aceasta devine

un răspuns condiţionat. Cu alte cuvinte, te face să te simţi involuntar într-un anumit fel şi are efecte fiziologice şi psihologice predeterminate care pot fi interpretate ca un răspuns la traumă. Acesta este motivul pentru care victimele abuzului narcisist pot prezenta simptome ale tulburării de stres post-traumatic chiar şi după ce narcisistul a plecat.

3 - Efecte: Impactul pe termen lung asupra comportamentului, imaginii de sine sau dinamicii relaţionale a victimei. În acest caz, vorbim despre daunele psihologice care afectează victimele narcisismului pentru tot restul vieţii lor dacă nu sunt confruntate şi tratate. Aceste efecte sunt, de asemenea, în centrul greşelilor pe care victimele le fac ca răspuns la experienţele lor.

A) Fraze menite să pună la îndoială realitatea şi percepţia - Aceste fraze sunt menite să distorsioneze simţul realităţii al victimei şi să o facă să-şi pună la îndoială amintirile, percepţiile şi răspunsurile emoţionale:

1. „Eşti nebun" şi „Exagerezi";

Declanşator: Face victima să se îndoiască de sănătatea sa mintală, de percepţiile şi reacţiile sale emoţionale.

Efectul scontat: Face victima să-şi pună la îndoială realitatea şi să-şi reprime sentimentele, ceea ce o determină să se îndoiască de sine şi să devină confuză.

2. „Nu am spus niciodată asta" şi „Nu am făcut niciodată asta";

Declanşator: Face victima să îşi pună la îndoială memoria şi percepţia evenimentelor.

Efectul scontat: Provoacă îndoială, confuzie și face victima să nu fie sigură că își amintește faptele, ceea ce sfârșește prin a-i devaloriza experiențele.

3. „Ești hipersensibil";

Declanșator: Desconsideră și invalidează sentimentele și emoțiile victimei.

Efect scontat: Face victima să se simtă hipersensibilă, ceea ce o determină să își suprime sau să își ignore sentimentele și nevoile. De asemenea, poate face victima să se îndoiască de inteligența și rezistența sa emoțională.

4. „Tu m-ai obligat să o fac";

Declanșator: Învinovățește victima pentru acțiunile manipulatorului, transferând responsabilitatea asupra victimei.

Efectul scontat: Face victima să se simtă responsabilă și vinovată pentru comportamentul manipulatorului. Acest lucru poate duce la autoblamare, îndoială și un sentiment distorsionat al responsabilității.

B) Fraze menite să facă victima să se simtă prost în pielea ei - Aceste fraze sunt menite să scadă stima de sine a victimei și să o facă să se simtă inadecvată sau de neiubit:

1. „Ești egoist" și „Îți pasă doar de tine";

Factori declanșatori: acuzarea victimei că este egocentrică și nepăsătoare.

Efectul urmărit: face victima să se simtă vinovată pentru că are nevoi și dorește să se pună pe primul loc. Acest lucru poate duce la neglijarea de sine și la un sens distorsionat al priorităților.

2. „Nimeni altcineva nu te-ar suporta".

Declanșator: Implică faptul că victima este dificil de iubit sau de trăit cu ea.

Efectul scontat: Face victima să se simtă inadecvată, de neiubit și prinsă în capcană în relație. Acest lucru poate duce la sentimente de neputință și stimă de sine scăzută.

3. „Îmi pare rău că te simți așa";

Declanșator: Desconsideră sentimentele victimei fără a-și asuma responsabilitatea.

Efect scontat: Desconsideră sentimentele victimei și distrage atenția de la acțiunile manipulatorului. Acest lucru poate determina victima să își reprime sentimentele și să se îndoiască de experiențele sale emoționale.

4. „Îți imaginezi lucruri";

Declanșator: Confundă victima, determinând-o să se îndoiască de percepțiile sale.

Efectul scontat: Provoacă îndoială, confuzie și face ca victima să nu fie sigură de interpretarea evenimentelor. Acest lucru poate duce la un simț distorsionat al realității și la autoîndoieli.

C) Fraze menite să facă victima să se simtă vinovată, nerecunoscătoare sau dramatică - Aceste fraze sunt menite să manipuleze victima să se simtă vinovată sau să își exagereze sentimentele:

1. „Ar trebui să fii recunoscător pentru ceea ce fac eu pentru tine".

Declanșator: Implică faptul că victima este nerecunoscătoare pentru eforturile manipulatorului.

Efectul scontat: Face victima să se simtă nerecunoscătoare și îndatorată, încurajând-o să tolereze maltratarea sau abuzul. Acest lucru poate duce la un sentiment de obligație și capcană.

2. „Ești exact ca mama ta", „Ești exact ca tatăl tău" sau „Ești exact ca unchiul tău";

Declanșator: Compară victima cu un membru al familiei, de obicei cu conotații negative.

Efectul scontat: provoacă emoții negative și face victima să se simtă inadecvată sau defectuoasă. Acest lucru poate duce la neîncredere în sine și la o imagine de sine distorsionată.

3. „Dacă m-ai iubi cu adevărat, ai face asta".

Declanșator: Manipulează victima să facă ceea ce dorește manipulatorul.

Efectul urmărit: Face victima să se simtă vinovată pentru că nu se conformează și își pune la îndoială angajamentul față de relație. Acest lucru poate duce la o pierdere a limitelor personale și a autonomiei.

4. „Eşti dramatic";

Declanşator: Desconsideră sentimentele şi reacţiile victimei ca fiind exagerate.

Efect intenţionat: Invalidează sentimentele victimei şi o face să simtă că îngrijorările sale nu sunt legitime. Acest lucru poate duce la insecuritate şi reprimare emoţională.

D) Fraze menite să facă victima să se simtă nevoiaşă, neajutorată sau că este ceva în neregulă cu ea - Aceste fraze sunt menite să facă victima să se simtă instabilă emoţional sau mental, nevoiaşă sau neajutorată:

1. „Ai nevoie de ajutor" sau „Ar trebui să mergi la un terapeut".

Factori declanşatori: Implică faptul că victima este instabilă mental sau emoţional.

Efectul urmărit: Face victima să simtă că este ceva în neregulă cu ea şi îşi pune la îndoială bunăstarea mentală. Acest lucru poate duce la îndoială de sine şi la un sentiment distorsionat de sine.

2. „Eşti prea pretenţios" sau „Eşti prea lipicios";

Declanşator: Face victima să se simtă prost pentru că are nevoi şi doreşte apropiere.

Efectul urmărit: face victima să se simtă nesigură, nedorită şi vinovată pentru că îşi exprimă nevoile. Acest lucru poate duce la neglijarea de sine şi la teama de abandon.

3. „Încerc doar să te ajut";

Declanşator: Manipulează victima să creadă că manipulatorul are intenţii bune.

Efect scontat: Face victima să se îndoiască de propria judecată şi să ignore comportamentul dăunător al manipulatorului. Acest lucru poate duce la o pierdere a încrederii în propriile instincte şi la tolerarea continuă a abuzului.

4. „Întotdeauna faci asta”;

Declanşator: Generalizarea şi ignorarea comportamentului sau sentimentelor victimei.

Efectul urmărit: Face victima să simtă că acţiunile sau sentimentele sale sunt previzibile, invalide sau neimportante. Acest lucru poate duce la îndoială şi la o pierdere a încrederii în propriile experienţe.

Capitolul 11: Povestea a două boli mintale

Victimele narcisismului pot fi adesea etichetate ca fiind introvertite, la fel cum narcisiștii pot fi percepuți ca fiind extrovertiți, când adevărul este că narcisistul afișează o fațadă în timp ce victima narcisismului se confruntă cu sentimentele sale de inadecvare și lipsă de stimă de sine. Victimei îi lipsește încrederea, în timp ce narcisistul pretinde că este încrezător pentru a exagera calitățile pe care nu le posedă.

Acesta este motivul pentru care cuvântul „empatic" nu este atât de pozitiv pe cât ar putea părea la prima vedere, deoarece empaticul nu este neapărat un individ altruist, ci pur și simplu cineva care empatizează cu suferința altora. Acest lucru se datorează faptului că ei se pot vedea pe ei înșiși prin emoțiile celorlalți.

Motivul pentru care mulți empatici sunt victime ale abuzului narcisist pentru tot restul vieții lor este că narcisistul știe cum să se prefacă a fi victima propriilor acțiuni și a consecințelor greșelilor sale pentru a câștiga empatia empaticului.

Narcisiștii vizează în mod special empaticii și îi aleg pentru o relație, seducându-i cu intenția clară de a le câștiga încrederea, deoarece narcisiştii ştiu că empaticii sunt mai toleranţi la abuzuri decât oricine altcineva. Faţada narcisistului de a fi o victimă a vieţii pe care şi-a creat-o nu este doar o demonstraţie a lipsei de responsabilitate, ci şi o strategie de a câştiga simpatia empaticului.

Empaticul, pe de altă parte, nu se îndrăgosteşte de calităţile narcisistului pentru că acestea nu există, ci mai degrabă de slăbiciunea pe care narcisistul o prezintă sub forma unei iluzii. Astfel, în timp ce narcisistul proiectează o iluzie pentru a-l face pe empatic să se îndrăgostească, empaticul, în loc să se îndrăgostească de o minciună, se îndrăgosteşte de fapt de iluzia proiectată care îl reprezintă pe el însuşi.

Narcisistul proiectează o personalitate pe care nu o are, iar empaticul se îndrăgosteşte de calităţile pe care nu le poate vedea la el însuşi, tocmai pentru că nu are iubire de sine. Este o pereche făcută în iad, pentru că ambii sunt bolnavi mintal, deşi îşi manifestă boala în moduri aparent contradictorii. Este ca şi cum empaticul ar spune: „Eu nu merit să fiu iubit, dar pot iubi pe altcineva", în timp ce narcisistul spune: „Eu nu pot iubi pe nimeni, dar merit să fiu iubit". De asemenea, ambii aplică aceeaşi mentalitate când vine vorba de o relaţie, deoarece şi-au completat disfuncţia în moduri similare de-a lungul anilor.

Una dintre cele mai frecvente greşeli pe care le văd făcând empaticii este să presupună că sunt victime ale narcisismului, mai degrabă decât victime ale propriilor alegeri şi convingeri. Ei nu reuşesc să vadă că sunt, de asemenea, bolnavi mintal şi, în schimb, folosesc narcisismul ca un trofeu pentru propria lor superioritate faţă de alţi oameni, acţionând practic ca un narcisist atunci când spun că iubesc mai mult decât alți oameni și au fost răniți din cauza empatiei lor pentru alții.

Acesta nu este un remediu pentru abuzul narcisist, ci este raționalizarea experienței și asimilarea ei în mintea ta ca o rană permanentă. Este ca și cum ai înveli o cutie plină cu gunoaie într-un ambalaj frumos și colorat, în loc să o arunci.

Empaticii se pot vindeca de abuzul narcisist doar dacă încetează să empatizeze cu cei care sunt răi. Aceasta înseamnă dezvoltarea discernământului emoțional, deoarece lipsa discernământului emoțional este cea care îi face să empatizeze cu cei care le pot face rău. Acest lucru trebuie văzut mai degrabă ca o deficiență psihologică decât ca un avantaj cognitiv, ceea ce nu este cazul.

Am petrecut mulți ani studiind abuzul narcisist, dar nu m-am putut vindeca până nu am învățat să mă iubesc pe mine însumi. Este nevoie de ani de zile pentru a fi singur cu tine însuți și pentru a găsi un motiv de a trăi atunci când nu există niciunul în afara ta. Știi că te poți iubi atunci când ești capabil să renunți la oamenii care nu te respectă. Până atunci, nu poți spune că iubirea este oarbă la lipsa de respect sau că tolerezi abuzurile altora pentru că ai mai multă empatie decât o persoană obișnuită. Asta nu e iubire, e boală mintală. Atunci când două persoane cu boli mintale se întâlnesc, aveți ceea ce se numește o relație toxică.

Doar atunci când reușești să te eliberezi de un partener lipsit de respect pentru a găsi singurătatea pașnică poți înțelege iubirea de sine și doar atunci poți găsi iubirea adevărată. Dar iată o altă provocare: pentru că empaticii au fost abuzați în copilărie, este probabil că nu vor înțelege dragostea adevărată și, prin urmare, nu vor dezvolta sentimente pentru persoana potrivită, la fel cum un narcisist nu o va vedea.

Diferența este că, în timp ce narcisiștii nu găsesc niciodată dragostea adevărată pentru că caută admirația, empaticii pot găsi dragostea adevărată de îndată ce prioritizează respectul, și vor învăța acest lucru de îndată ce își dezvoltă iubirea de sine.

Capitolul 12: Confuzia dintre iubirea de sine și narcisism

Pare o contradicție să spui că empații au nevoie de iubire de sine, pentru că este ca și cum empații trebuie să devină ca narcisiștii, la fel cum narcisiștii trebuie să caute iubirea în afara lor. Cu toate acestea, societatea neagă iubirea de sine a empaticului atunci când o confundă cu egoismul și egocentrismul și o condamnă ca fiind un act de narcisism. Dar societatea nu cunoaște diferența dintre cele două și nici măcar nu poate deosebi un narcisist de un empatic.

Dacă o persoană obișnuită nu poate deosebi un narcisist de un empatic, de ce să ne așteptăm să poată deosebi egoismul de stima de sine sau de iubirea de sine? Ei nu pot! Opiniile maselor ignorante sunt inutile și adesea pot spori daunele psihologice cauzate de narcisist. Acest lucru este valabil mai ales dacă împărtășești acțiunile narcisiștilor din viața ta cu alți membri ai familiei, în special cu alți narcisiști.

De asemenea, merită remarcat faptul că majoritatea persoanelor pe care le-am întâlnit și care susțin că sunt victime ale narcisiștilor sunt ele însele narcisiste. Deși nu este neobișnuit ca narcisiștii să eticheteze empaticii drept narcisiști, în special pentru a-i subestima și a-i invalida în public, este de asemenea adevărat că narcisiștii se îndrăgostesc adesea de alți narcisiști sau cel puțin simt o atracție puternică și o legătură emoțională cu aceștia. Acesta este poate cel mai evident exemplu al modului în care un narcisist se autodistruge, deoarece caută admirație din partea celor care îi pot înșela în același mod în care i-au înșelat pe alții.

Din acest motiv, în timp ce empaticul are mai multe șanse să se recupereze după boala sa mentală, narcisistul are mai multe șanse să sfârșească cu inima frântă și singur mai târziu în viață, mai ales în cazul femeilor narcisiste.

În cele din urmă, empaticul poate alege să lupte cu singurătatea și să treacă prin întuneric pentru a se reconstrui pe sine și viața sa, sau poate pur și simplu să renunțe și să îl lase pe narcisist să câștige jocul de înjosire a celorlalți, întorcându-se asupra sa și acceptând minciuna că nu este demn de iubire și succes. Dar narcisistul nu va putea găsi niciodată dragostea adevărată sau împlinirea din cauza obsesiei sale pentru manipulare și a nevoii de a fi admirat.

Narcisistul poate ajunge chiar la un nivel academic și profesional foarte înalt, ceea ce îl face să muncească și mai mult pentru a-și ascunde incompetența și minciunile pe care a trebuit să le producă pentru a ajunge acolo. De asemenea, va trebui să trăiască cu tensiunea constantă de a pretinde că este cineva care nu este în fața oamenilor pe care îi disprețuiește, dar care sunt atrași de viața lui tocmai pentru că a reușit să îi manipuleze.

În cele din urmă, masca cade și toată lumea îl vede pe narcisist pentru ceea ce este. Dar această mască cade mai repede decât cu alte persoane atunci când narcisistul și empaticul se întâlnesc într-o relație. Empaticul se epuizează încercând să îl facă fericit pe narcisist, în timp ce narcisistul nu reușește niciodată să fie fericit și, prin urmare, se epuizează concurând pentru a-l doborî pe empatic. Cu cât empatia oferă mai multă iubire, cu atât narcisistul răspunde cu mai multă ură și, în final, empatia devine pur și simplu apatică.

Narcisistul câștigă întotdeauna epuizându-i pe ceilalți și face acest lucru planificând și punând la cale constant căderea lor. Dar acest lucru este, de asemenea, ceea ce îl face pe narcisist să-și regrete comportamentul mai târziu, pentru că, desigur, nu va găsi niciodată ușor o persoană empatică în viața sa. Toți narcisiștii pe care i-am întâlnit au sfârșit prin a regreta că m-au pierdut și mi-au trimis mesaje pentru a mă determina să le răspund.

Nu am răspuns niciodată din motivul evident că narcisiștii nu se schimbă niciodată. Regretul lor se referă întotdeauna la ei înșiși și la faptul că și-au pierdut jucăria preferată și atenția pe care aceasta le-o dădea. În ochii narcisistului, nu ești o persoană reală, ci un obiect a cărui valoare este atenția pe care i-o acorzi sau validarea pe care o primește de la alții prin tine sau prin faptul că te are.

Narcisistul își deplânge doar propria nefericire de a nu fi găsit o jucărie mai bună pe care să o manipuleze pentru afecțiune și atenție, chiar dacă victima ar fi pur și simplu mai rău decât înainte dacă ar avea aceeași persoană înapoi. Acest lucru se datorează faptului că narcisistul disprețuiește victima la fel de mult cum se disprețuiește pe sine. O victimă care revine la abuz este chiar mai degradantă în ochii narcisistului decât una care a trebuit să fie manipulată pentru a fi abuzată. Astfel, narcisistul se simte mai îndreptățit să abuzeze de cei care se întorc la el decât de cei care fug.

Capitolul 13: Paradoxul iubirii narcisiste

Relația dintre narcisiști și cei care văd prin fațeta lor prezintă un paradox deconcertant. În mod contraintuitiv, narcisiștii manifestă în general mai mult respect față de persoanele care le recunosc adevărata natură, chiar și atunci când încearcă să le pedepsească sau să le controleze. Acest lucru provine din viziunea distorsionată a narcisistului asupra iubirii, deoarece el echivalează recunoașterea și confruntarea cu afecțiunea autentică, indiferent de cât de disfuncțională poate fi această dinamică.

Această viziune distorsionată a iubirii se extinde la percepția narcisistului asupra violenței. Mulți narcisiști interpretează comportamentul agresiv sau abuziv drept manifestări pasionale de iubire. Această mentalitate duce adesea la un ciclu karmic în care narcisiștii sunt atrași de parteneri la fel de volatili care îi disprețuiesc, dar rămân prinși în relații tumultoase care pot dura zeci de ani. Rolurile pot fi adesea interschimbabile, deoarece ambele persoane învață să alterneze între agresor, salvator și victimă:

- Când persoana A trece la rolul de victimă, persoana B trece la rolul de salvator.

- Atunci când persoana B trece la rolul de salvator, persoana A trece la rolul de agresor.

- Atunci când persoana A devine agresor, persoana B încetează să mai fie salvator și devine victimă.

- Atunci când persoana A își dă seama că a reușit să o facă pe persoana B să se simtă neajutorată, ea poate trece la rolul de salvator.

- Dacă persoana B profită de transformarea în salvator a narcisistului și recurge la răzbunare, persoana B devine agresor, iar persoana A trece în starea de victimă.

Să examinăm modul în care schimbarea de valență se poate aplica exemplelor de mai sus:

1. De la agresor la victimă: Un narcisist poate înceta să mai fie agresor și poate începe să joace rolul victimei pentru a manipula cealaltă persoană în rolul de salvator.

De exemplu:

Agresorul: „Ești nebun" (pune la îndoială realitatea și percepția).

Victimă: „Nu pot să cred că ești atât de rău cu mine. Încerc doar să fac tot ce pot" (trecerea la rolul de victimă pentru a obține compasiune sau pentru a face cealaltă persoană să se simtă vinovată).

2. De la victimă la agresor: Un narcisist care joacă rolul victimei poate trece brusc la rolul de agresor atunci când crede că a câştigat suficientă simpatie sau vrea să recâştige controlul.

De exemplu:

Victima: „Nimeni altcineva nu te-ar putea suporta" (făcând victima să se simtă prost).

Agresorul: „Eşti atât de nerecunoscător după tot ce am făcut pentru tine!" (trecerea la rolul de agresor pentru a face cealaltă persoană să se simtă vinovată şi îndatorată).

3. Salvatorul agresorului sau al victimei: Un narcisist aflat în rolul de salvator poate trece la agresor sau victimă atunci când nu primeşte admiraţia sau supunerea la care se aşteaptă.

De exemplu:

Salvator: „Încerc doar să te ajut" (pretinzând că are intenţii bune).

Agresorul: „Dar nu vrei să mă asculţi! Eşti atât de încăpăţânat!" (trecând la rolul de agresor atunci când «ajutorul» lor nu este acceptat).

Victima: „Fac un efort să te ajut şi asta este mulţumirea pe care o primesc?" (Trecerea în rolul victimei pentru a provoca vinovăţie sau simpatie).

În dinamica dintre doi narcisişti, aceste schimbări de valenţă pot apărea frecvent şi rapid, pe măsură ce fiecare persoană încearcă să câştige avantajul sau să menţină controlul. Rolurile sunt interschimbabile, iar tacticile de manipulare utilizate se pot schimba rapid, în funcție de situație și de rezultatul dorit.

Această triangulare are loc întotdeauna între un narcisist și oricine atrage în viața sa, care poate fi sau nu un alt narcisist. Cu toate acestea, odată ce o persoană este prinsă în acest ciclu, el nu se termină niciodată. Narcisistul joacă întotdeauna rolul victimei atunci când victima își dezvoltă respectul de sine și părăsește relația, și devine imediat agresorul atunci când victima cade în capcană, începând din nou același ciclu al nebuniei.

Empaticii cad în capcanele narcisistului deoarece narcisistul prezintă o stare fictivă sau pseudo-realistă în care ei trebuie să fie salvați dintr-o situație pe care narcisistul a creat-o în mod deliberat sau din care ei suferă ca urmare a propriilor acțiuni. Acesta este și modul tipic în care narcisiștii sunt atrași într-o relație cu un alt narcisist.

Pe de altă parte, întrucât aceste jocuri ale minții au loc adesea în relațiile cu narcisiștii, tot prin intermediul acestor jocuri o persoană care a fost odată normală și sănătoasă poate, în timp, să devină victima abuzului narcisist și mai târziu să devină ea însăși narcisistă.

Capitolul 14: Când victimele își oglindesc abuzatorii

Fenomenul victimelor abuzului narcisist care preiau trăsături narcisiste este un aspect complex și fascinant al ciclului abuzului. Această inversare a rolurilor, adesea denumită narcisism reactiv, se poate manifesta în diverse moduri. Iată câteva exemple ale modului în care victimele pot acționa împotriva narcisiștilor adoptând ele însele comportamente narcisiste:

1. Tratamentul tăcerii: O victimă care a trecut printr-o lungă perioadă în care a fost ignorată sau a primit tratamentul tăcerii din partea unui narcisist poate începe să folosească această tactică. Aceasta poate deveni retrasă emoțional și poate refuza să comunice cu narcisistul ca o formă de răzbunare sau de autoprotecție.

2. Gaslighting: După ce au fost gaslighted de un narcisist, unele victime pot începe să pună la îndoială și să manipuleze realitatea narcisistului. Ele pot nega evenimente sau conversații în încercarea de a-l face pe narcisist să se îndoiască de propriile percepții.

3. Triangularea: Victimele pot învăța să trianguleze, aducând alte persoane în conflictele lor cu narcisistul pentru a obține sprijin sau validare, la fel cum narcisistul ar fi făcut cu ele.

4. Grandiositatea și importanța de sine: Unele victime pot dezvolta un sentiment exagerat de importanță de sine ca un mecanism de apărare. Ele pot începe să se laude cu realizările lor sau să își exagereze abilitățile, oglindind comportamentul narcisistului.

5. Lipsa de empatie: După ce au fost expuse la lipsa de empatie a unui narcisist, unele victime pot deveni amorțite emoțional și le este dificil să empatizeze cu alții, inclusiv cu narcisistul.

6. Manipulare: Victimele pot adopta tacticile de manipulare pe care le-au observat la narcisist, folosind vinovăția, rușinea sau frica pentru a controla comportamentul narcisistului.

7. Căutarea atenției: Unele victime pot începe să râvnească la atenția și validarea celorlalți, la fel ca narcisistul, pentru a-și reconstrui stima de sine afectată.

8. Căutarea răzbunării: În cazuri extreme, victimele pot planifica scheme elaborate de răzbunare și se pot concentra obsesiv pe răzbunarea față de narcisist, oglindind tendința narcisistului de a păstra ranchiună și de a căuta răzbunare.

9. Reținerea emoțiilor: La fel cum narcisiștii rețin în general afecțiunea și aprobarea, unele victime pot învăța să facă același lucru, folosind reținerea emoțională ca formă de control sau pedeapsă.

10. Critica excesivă: După ce au fost criticate constant de un narcisist, unele victime pot deveni hipercritice, găsind constant defecte narcisistului sau altor persoane.

11. Încălcarea limitelor: După ce le-au fost încălcate în mod repetat limitele, unele victime pot începe să nu respecte limitele altora, inclusiv ale narcisistului, în încercarea de a recâștiga controlul.

12. Proiecția: Victimele pot începe să își proiecteze propriile sentimente sau nesiguranțe asupra narcisistului, învinuindu-l pentru lucrurile pe care le simt sau le fac.

13. Dreptul: Unele victime pot dezvolta un sentiment de drept, simțind că merită un tratament special sau scutiri de la reguli după ce au fost supuse sentimentului de drept al narcisistului.

14. Exploatarea: Victimele pot începe să exploateze alte persoane, inclusiv pe narcisist, pentru propriul lor beneficiu, reflectând comportamentul de exploatare pe care l-au experimentat.

15. Invidie și gelozie: După ce au fost ținta invidiei și geloziei unui narcisist, unele victime pot deveni invidioase și geloase, comparându-și constant viața cu cea a altora.

16. Aroganța: Victimele pot adopta o atitudine arogantă ca un mecanism de apărare pentru a se proteja de alte daune emoționale.

17. Schimbarea culpei: Unele victime pot începe să dea vina pe alții, inclusiv pe narcisist, pentru acțiunile lor, pentru a evita să își asume responsabilitatea pentru propriul comportament.

18. Hipersensibilitate la critică: Victimele pot deveni extrem de sensibile la orice formă de critică, percepând-o ca pe un atac personal, la fel ca narcisistul.

19. Nevoia de adulație: După ce au fost private de admirație și validare, unele victime pot dezvolta o nevoie excesivă de admirație din partea altora pentru a-și crește stima de sine.

20. Nepăsarea față de sentimentele celorlalți: Victimele pot începe să desconsidere sentimentele și nevoile altora, inclusiv ale narcisistului, pentru a se proteja de o durere emoțională suplimentară.

Capitolul 15: Dinamica puterii în relațiile narcisiste

Există multe povești din viața reală care ilustrează schimbarea de valență în relațiile cu narcisiștii și posibila transformare a victimelor în narcisiști. Iată câteva exemple comune:

1. Soțul care folosește lumina cu gaz:

Mary și John au fost căsătoriți timp de cinci ani. Mary era o narcisistă care îl lumina adesea cu gaz pe John. Îl acuza că flirtează cu alte femei ori de câte ori ieșeau în oraș, chiar dacă el îi era fidel. Într-o zi, John a descoperit că Maria avea o aventură. Când a fost confruntată, Maria a întors foaia împotriva lui John, acuzându-l că el este cel infidel și lăsându-l să afle despre propria infidelitate.

Schimbare de valență: Epuizat și confuz de acuzațiile constante și acum de trădare, John a înnebunit. A început să imite comportamentul Mariei, acuzând-o de mai multe infidelități și răstălmăcindu-i cuvintele. De asemenea, a decis să se „răzbune" și a început să flirteze cu alte femei, având în cele din urmă propria lui aventură.

Rezultatul: Maria a fost inițial uimită de agresivitatea și infidelitatea bruscă a lui John, dar și-a recăpătat repede calmul. Ea a jucat rolul victimei și l-a acuzat pe Ioan că este crud și lipsit de dragoste. John, la rândul său, a folosit infidelitatea Mariei pentru a-și justifica propriile acțiuni. Relația lor a devenit o luptă constantă pentru putere, în care ambele părți au fost implicate într-un ciclu de infidelitate, manipulare și control. Transformarea lui Ioan într-un narcisist a fost completă. Nu-i mai păsa de sentimentele Mariei sau de sănătatea relației lor. Îi păsa doar de obținerea și menținerea controlului. Infidelitățile lor reciproce au devenit muniție în războiul lor continuu, fiecare învinuindu-l pe celălalt pentru sfârșitul relației.

2. Visul spulberat:

Paul și Richard au fost prieteni din copilărie și au deschis împreună o cafenea. Paul, cu carisma și viziunea sa, a preluat conducerea operațiunilor, în timp ce Richard, mai rezervat și meticulos, a avut grijă de finanțe. Fără știrea lui Richard, Paul avea tendințe narcisiste care au început să se manifeste pe măsură ce afacerea creștea. De fiecare dată când ceva mergea prost, Paul dădea vina pe Richard pentru că nu se străduia suficient sau nu era suficient de competent. Richard, dornic să păstreze prietenia și afacerea, a acceptat vina și a încercat să se revanșeze.

Schimbarea valenței: După o încercare dezastruoasă de a extinde cafeneaua, au suferit o pierdere financiară semnificativă. Paul i-a reproșat lui Richard că nu a obținut suficiente fonduri și că a fost prea prudent cu strategia sa de marketing. De data aceasta, însă, Richard nu a dat înapoi. El se revanșa în liniște pentru cheltuielile nesăbuite și deciziile impulsive ale lui Paul și ajunsese la punctul de rupere. Richard s-a răzbunat, aruncând vina asupra lui Paul. L-a confruntat pe Paul cu dovezi ale proastei sale administrări, inclusiv achiziții neautorizate, facturi neplătite și ignorarea preocupărilor angajaților. Richard l-a acuzat pe Paul că pune în pericol compania și prietenia lor prin comportamentul său iresponsabil. Această asertivitate bruscă l-a luat prin surprindere pe Paul și a semnalat o schimbare semnificativă în dinamica prieteniei lor.

Rezultatul: Paul, incapabil să își asume responsabilitatea, și-a asumat rolul de victimă. L-a acuzat pe Richard de lipsă de loialitate și de susținere și a susținut că Richard încerca să îl saboteze. Prietenia lor s-a deteriorat pe măsură ce au devenit implicați într-un ciclu de învinovățire și manipulare. Richard, în noua sa determinare de a-l trage la răspundere pe Paul, a început să dezvolte trăsături asertive care se apropiau de agresivitate. Atmosfera din cafenea a devenit toxică. Personalul a fost prins la mijloc, iar calitatea serviciilor a scăzut. Clienții au început să observe tensiunea și afacerile au scăzut. Richard, realizând că parteneriatul său nu mai poate fi reparat, s-a adresat investitorilor săi comuni. El a prezentat dovezi ale delictelor lui Paul, iar investitorii au fost de partea lui Richard și i-au cerut lui Paul să demisioneze. Paul a părăsit afacerea, dar cafeneaua nu și-a mai revenit niciodată. Pierderile financiare au fost uriașe, iar afacerea, cândva prosperă, a fost închisă câteva luni mai târziu. Schimbarea de valență în comportamentul lui Richard, de la pasiv și mulțumit la asertiv și conflictual, a dus în cele din urmă la sfârșitul prieteniei lor și la dispariția visului pe care îl împărtășeau.

3. Răzbunarea oglinzii:

Laura şi Steve aveau o relaţie romantică în care Laura era narcisistă. La început, Laura l-a bombardat pe Steve cu dragoste, copleşindu-l cu afecţiune şi făcându-l să se simtă centrul lumii ei. Cu toate acestea, atunci când Steve s-a implicat emoţional, Laura a început să îl devalorizeze, criticându-i aspectul, inteligenţa şi chiar prietenii.

Schimbare de valenţă: După luni de zile în care a suportat criticile şi manipularea Laurei, Steve a avut brusc o schimbare de perspectivă. El a decis că, dacă nu o poate schimba, se va alătura ei. A început să-i imite comportamentul, să-i critice aspectul şi inteligenţa şi să-i manipuleze emoţiile. A învăţat să joace rolul victimei atunci când îi convenea şi a întors fiecare argument împotriva ei.

Rezultatul: Laura a fost iniţial rănită şi şocată de comportamentul lui Steve, dar curând s-a trezit într-o luptă constantă pentru putere. Relaţia lor a devenit o luptă nesfârşită de critică şi manipulare. Steve a dobândit din ce în ce mai multe trăsături narcisiste, învăţând să se hrănească din dramă şi control. El a început să o deruteze pe Laura, făcând-o să se îndoiască de propria realitate şi de sănătatea ei mintală. Cu toate acestea, pe măsură ce narcisismul lui Steve creştea, el a început să realizeze că nu mai avea nevoie de Laura. A învăţat să îşi alimenteze noua rezervă narcisistă cu alţi oameni - prieteni, colegi de muncă şi chiar străini. A început să se distanţeze de Laura, dându-i să guste din propriul ei medicament. Dispărea zile întregi, ignorându-i apelurile şi mesajele, doar pentru a reapare cu o indiferenţă rece. Laura, incapabilă să facă faţă schimbării de roluri, a devenit din ce în ce mai disperată şi mai neregulată. A încercat să îl recucerească, să îşi recapete controlul, dar Steve era întotdeauna cu un pas înaintea ei, manipulând-o aşa cum ea îl manipulase pe el. În cele din urmă, Steve a dispărut complet din viaţa ei, lăsând-o pe Laura ca o carapace a fostului ei sine.

4. Soacra triunghiulară:

Barbara era o narcisistă care intervenea frecvent în căsătoria fiului ei Tom cu Lisa. De multe ori îl critica şi se plângea de Lisa lui Tom, jucând rolul victimei şi susţinând că Lisa nu era suficient de bună pentru el. Iniţial, Lisa a încercat să se înţeleagă cu Barbara şi să se apere, în timp ce Tom a încercat să medieze situaţia.

Schimbarea valenţei: Cu timpul, manipularea şi critica constantă a Barbarei au afectat-o pe Lisa. Aceasta a început să adopte trăsături narcisiste ca un mecanism de apărare împotriva abuzurilor Barbarei. Lisa a început să îl subestimeze şi să îl critice pe Tom pentru că nu o înfrunta pe mama ei, imitând comportamentul critic al Barbarei; a jucat rolul victimei, susţinând că atât Tom, cât şi Barbara erau împotriva ei şi că ea era singura care încerca să salveze căsnicia; a manipulat situaţiile pentru a părea superioară Barbarei, cum ar fi exagerarea realizărilor ei şi minimalizarea contribuţiilor Barbarei; a cerut un tratament special din partea lui Tom, insistând ca acesta să pună nevoile şi dorinţele ei mai presus de orice pentru a compensa maltratarea ei de către mama ei.

Rezultatul: Pe măsură ce Lisa dobândea trăsături narcisiste, căsnicia lor devenea tot mai toxică. Tom s-a simţit prins în mijlocul unei lupte pentru putere între mama sa şi soţia sa. Manipularea constantă şi criticile din ambele părţi l-au făcut pe Tom să se simtă copleşit şi incapabil să continue relaţia. A depus cerere de divorţ, invocând dinamica toxică şi diferenţele ireconciliabile. Barbara, făcând pe victima ca de obicei, a dat vina pe Lisa pentru divorț. Lisa, la rândul ei, a dat vina pe Tom și Barbara pentru eșecul căsniciei lor, refuzând să își recunoască propriul rol în această dinamică.

Capitolul 16: Natura insidioasă a abuzului narcisist

La prima vedere, ideea că victimele abuzului narcisist pot manifesta ele însele trăsături narcisiste poate părea contraintuitivă sau chiar paradoxală, dar pe măsură ce aprofundăm mecanismele psihologice în joc, începem să vedem cum acest răspuns poate apărea ca o strategie de adaptare în fața unei traume prelungite și a manipulării.

Cu toate acestea, aceste comportamente ale victimelor sunt fundamental diferite de cele ale narcisiștilor adevărați, atât în ceea ce privește originea lor, cât și potențialul lor de schimbare. Määttä et al. (2012) explică faptul că victimele pot adopta uneori comportamente similare ca un mecanism de adaptare. Este o formă de supraviețuire psihologică, o modalitate pentru victimă de a naviga în apele înșelătoare ale relației lor abuzive. Spre deosebire de narcisiștii adevărați, victimele care manifestă aceste comportamente își păstrează de obicei capacitatea de autoreflecție și pot avea remușcări pentru acțiunile lor. Aceste comportamente ale victimelor sunt de obicei un răspuns învățat la traumă, mai degrabă decât o trăsătură de personalitate înrădăcinată.

Conceptul de „legătură impusă de traumă" sau „atașament impus de traumă", descris de Raghavan și Doychak (2015), oferă un cadru pentru înțelegerea acestei dinamici complexe. În fața abuzurilor și a manipulării continue, victimele pot începe să își piardă simțul sinelui și să adopte treptat aspecte ale viziunii asupra lumii sau ale comportamentelor agresorului. Acest proces poate fi văzut ca o modalitate pentru victime de a da sens experiențelor lor și de a menține o oarecare aparență de control într-un mediu haotic și imprevizibil.

Howard (2022) elucidează în continuare acest fenomen, descriindu-l ca o formă de „martiriu viu". În această stare, victimele pot adopta temporar unele dintre caracteristicile agresorului lor, ca o modalitate de a face față și de a-și înțelege experiențele traumatice. Această mimică poate servi mai multor scopuri: poate ajuta victima să prevadă și să controleze comportamentul agresorului, poate oferi un sentiment de putere într-o situație în care, altfel, ar fi lipsită de putere, sau chiar poate servi ca o încercare greșită de a se conecta cu agresorul în termenii săi. Cu toate acestea, victimele care se angajează în aceste comportamente pot simți vinovăție sau remușcări pentru acțiunile lor, creând un conflict intern care servește drept angoasă suplimentară în timp ce se luptă să se reconcilieze cu valorile lor de bază și cu sentimentul de sine.

Lahav et al. (2020) oferă o perspectivă suplimentară asupra peisajului emoțional complex al victimelor abuzurilor, observând că acestea se luptă adesea cu agresiunea internă și externă pe măsură ce îşi procesează trauma. Această luptă internă este net diferită de lipsa de empatie şi autoreflecţie observată în adevărata tulburare de personalitate narcisistă. Prezenţa acestui conflict intern poate fi văzută de fapt ca un semn pozitiv, indicând că victima nu a pierdut complet contactul cu sinele şi valorile sale autentice.

Capacitatea victimelor de a se recupera din abuzul narcisist şi de a scăpa de aceste comportamente adoptate este influenţată de mai mulţi factori, inclusiv de durata şi intensitatea abuzului, de rezistenţa personală a victimei şi de accesul la sprijin şi resurse adecvate. Ghodratollahifard et al. (2020) subliniază vulnerabilitatea specifică a celor care au suferit traume în copilărie, constatând că abuzul timpuriu, combinat cu strategii maladaptative de reglare a emoţiilor, este asociat cu un risc crescut de a dezvolta simptome de tulburări de personalitate mai târziu în viaţă. Acest lucru evidenţiază importanţa fundamentală a intervenţiei timpurii şi a sprijinului pentru victimele abuzului narcisist, în special copiii şi adolescenţii care pot fi expuşi unui risc mai mare de sechele psihologice pe termen lung.

Cu toate acestea, recuperarea este posibilă chiar şi pentru cei care au suferit abuzuri prelungite sau grave. Maffini et al. (2021) evidenţiază eficacitatea terapiei cognitiv-comportamentale axate pe traumă în a ajuta victimele abuzurilor să îşi proceseze experienţele şi să dezvolte mecanisme de adaptare mai sănătoase. Acest tip de terapie poate fi deosebit de benefic pentru abordarea comportamentelor dezadaptative care pot fi dezvoltate ca urmare a abuzului, ajutând victimele să se reconecteze cu sinele lor autentic şi să îşi reconstruiască un sentiment de agenţie şi de stimă de sine. Drumul spre recuperare implică, de obicei, o abordare multifațetată care abordează atât aspectele psihologice, cât și cele practice ale vindecării. Aceasta poate include terapie individuală, grupuri de sprijin, educație cu privire la abuzul narcisist și efectele acestuia, precum și asistență practică în domenii precum locuința, ocuparea unui loc de muncă și asistență juridică. Scopul nu este doar de a ajuta victimele să își proceseze trauma, ci și de a le permite să își reconstruiască viața și să își recupereze sentimentul de identitate.

Procesul de recuperare este rareori liniar și poate include eșecuri și provocări pe parcurs. Victimele se pot confrunta cu probleme de încredere, hipervigilență și dificultăți în stabilirea unor relații sănătoase, chiar și după ce au părăsit situația abuzivă. Aceste provocări continue subliniază nevoia de sprijin și înțelegere pe termen lung, atât din partea profesioniștilor, cât și din partea rețelei personale de sprijin a victimei.

Dacă nu este tratată, victima abuzului narcisist poate fi expusă riscului de a dezvolta trăsături narcisiste de lungă durată, ceea ce ar putea perpetua ciclul abuzului în relațiile sale viitoare. Acest potențial de transmitere intergenerațională a abuzului subliniază importanța fundamentală a ruperii ciclului prin educație, sensibilizare și sprijin accesibil în domeniul sănătății mintale. Recunoscând semnele abuzului narcisist și oferind o intervenție în timp util, putem contribui la prevenirea perpetuării acestor tipare dăunătoare și la sprijinirea victimelor în călătoria lor de vindecare și recuperare.

Capitolul 17: Sabia cu două tăișuri a abuzului narcisist

În scenariul complicat al relațiilor care implică narcisiști, dinamica se poate schimba dramatic, ducând adesea la confruntări emoționale intense și, în unele cazuri, la acțiuni extreme din partea celor care au fost victime. Aceste schimbări se pot manifesta în diverse moduri, inclusiv victimele care recurg la violență sau își abandonează agresorii în circumstanțe teribile. Următoarele povești și cazuri reale ilustrează efectele profunde ale abuzului narcisist și cât de departe pot merge victimele pentru a scăpa sau a se răzbuna.

Cazul fraților Menendez (1989): Lyle și Erik Menendez au fost condamnați pentru uciderea părinților lor, Jose și Kitty Menendez, în conacul lor din Beverly Hills. Frații au susținut că au suferit ani de zile abuzuri sexuale, emoționale și fizice din partea tatălui lor narcisist și abuziv. Frații au fost condamnați la închisoare pe viață, fără posibilitatea eliberării condiționate.

Cazul Betty Broderick (1989): După ce a îndurat ani de zile abuzuri emoționale din partea soțului său narcisist, Dan Broderick, Betty Broderick i-a împușcat și ucis pe Dan și pe noua sa soție, Linda. Betty a devenit din ce în ce mai instabilă după ce Dan a părăsit-o pentru asistenta sa mai tânără, Linda, și și-a folosit expertiza juridică pentru a manipula procedurile de divorț.

Povestea lui Ruchika Girhotra (1990): Ruchika Girhotra era o fată de 14 ani care a fost abuzată sexual de S.P.S. Rathore, un ofițer superior de poliție din Haryana, India. Rathore avea tendințe narcisiste și își folosea puterea pentru a o intimida și abuza pe Ruchika. În ciuda hărțuirii, Ruchika și familia ei au rezistat și au depus o plângere împotriva lui Rathore. În mod tragic, Ruchika s-a sinucis trei ani mai târziu din cauza hărțuirii continue și a stigmatizării sociale. Familia ei a continuat lupta juridică și, în 2009, Rathore a fost în cele din urmă condamnat.

Cazul Clara Harris (2002): Clara Harris era un dentist din Texas care a descoperit că soțul ei, David Harris, avea o aventură cu recepționera sa. David avea trăsături narcisiste și un istoric de infidelitate. Într-un acces de furie, Clara a trecut de mai multe ori cu mașina peste David în parcarea unui hotel, omorându-l. Clara a fost ulterior găsită vinovată de crimă și condamnată la 20 de ani de închisoare.

Cazul lui Mary Winkler (2006): Mary Winkler era o femeie din Tennessee care și-a împușcat și ucis soțul, Matthew Winkler, un preot cu o istorie de comportament narcisist și abuziv. Mary a îndurat ani de zile abuzuri emoționale și fizice înainte de a lua măsuri extreme. Ulterior, a fost găsită vinovată de omor voluntar și condamnată la trei ani de închisoare.

Cazul John Edwards și Rielle Hunter (2006): John Edwards, fost senator american, a avut o relație extraconjugală foarte mediatizată cu Rielle Hunter în timp ce soția sa, Elizabeth Edwards, se lupta cu cancerul. John, care manifesta tendințe narcisiste, căuta validare și admirație în afara căsniciei sale. Rielle, inițial o victimă a manipulării lui John, a sfârșit prin a folosi aventura pentru a obține avantaje financiare și sociale. Afacerea a dus la dizolvarea carierei politice a lui John și l-a lăsat să se lupte cu umilința publică și cu pierderea personală.

Cazul Jodi Arias și Travis Alexander (2008): Relația dintre Jodi Arias și Travis Alexander a fost tumultoasă și marcată de manipulare și control emoțional. Travis, care prezenta trăsături narcisiste, o subestima și o manipula adesea pe Jodi. În timp, comportamentul lui Jodi a devenit tot mai neregulat și obsesiv. În 2008, relația a culminat cu o confruntare violentă în care Jodi l-a ucis pe Travis în casa lor din Mesa, Arizona.

Cazul Gypsy Rose Blanchard (2015): Gypsy Rose Blanchard a fost o victimă de lungă durată a mamei sale, Dee Dee Blanchard, care a manifestat un comportament narcisist și abuziv, i-a inventat boli lui Gypsy și a supus-o unor proceduri medicale inutile. Pentru a scăpa de abuzurile mamei sale, Gypsy a conspirat cu prietenul ei de atunci pentru a o ucide pe Dee Dee. Gypsy și-a manipulat prietenul să comită crima, reflectând tacticile de manipulare învățate de la mama sa.

Cazul Sally Challen (2019): Sally Challen a fost condamnată pentru uciderea soțului ei, Richard Challen, în 2010, după ce a îndurat decenii de abuz psihologic. Richard avea trăsături narcisiste și a supus-o pe Sally la control coercitiv. În 2019, condamnarea lui Sally a fost anulată și aceasta a fost eliberată din închisoare în urma unui apel câștigat care a recunoscut impactul controlului coercitiv și al violenței domestice.

Capitolul 18: Atracţia durabilă a legăturilor toxice

Longevitatea legăturilor toxice cu narcisiştii este de obicei susţinută de sentimentul interiorizat de disperare al victimei şi de manipularea psihologică abilă a narcisistului. Dar efectele acestor relaţii disfuncţionale se extind, afectând familii întregi. Copiii crescuţi în case dominate de abuzul narcisist sunt martorii unui conflict constant şi ajung să normalizeze violenţa ca parte inerentă a relaţiilor apropiate. Îngrijitorii lor bolnavi mintal întăresc această viziune distorsionată asupra lumii, insistând că haosul şi agresivitatea pe care le experimentează sunt perfect normale.

Ca urmare, aceşti copii devin adesea adulţi care găsesc pacea deranjantă şi creează în mod inconştient drame pentru a recrea tumultul familial din copilăria lor. Unii chiar echivalează conflictul şi reconcilierea cu dragostea adevărată, fiind incapabili să îşi imagineze un parteneriat sănătos şi stabil. Aşa cum mi-au spus unele femei cu tulburări psihice: „Dacă nu ne certăm şi nu ne împăcăm, cum voi ști că mă iubești? Și cum voi ști dacă mă iubești cu adevărat sau dacă mă poți părăsi?".

Dinamica creată de narcisiști este extrem de atractivă, deoarece se caracterizează prin experiențe emoționale intense și manipulare psihologică. Acesta este motivul pentru care ei sunt portretizați atât de des în diverse forme de mass-media, inclusiv în literatură și film, unde aceste relații sunt adesea romanțate. Ele urmează adesea un model în care o persoană, de obicei cu trăsături narcisiste, exercită control și influență asupra partenerului său, care devine dependent emoțional de narcisist.

Fascinația generalizată față de aceste relații poate fi observată în popularitatea unor romane precum „Fifty Shades of Grey" de E.L. James, care a devenit un fenomen cultural. Cartea și continuările acesteia explorează dinamica complexă dintre protagoniști, Christian Grey și Anastasia Steele, a căror relație este marcată de jocuri de putere și elemente de control adesea asociate cu relațiile narcisiste. În plus, personajul Christian Grey din Fifty Shades of Grey poate fi văzut ca o contraparte modernă a eroului byronic, un tip de personaj care este atât atractiv, cât și respingător datorită personalității sale complexe și adesea întunecate. Acest arhetip, întâlnit la personaje precum dl Rochester din Jane Eyre de Charlotte Brontë, întruchipează calități de aroganță, un trecut tulbure și o înclinație spre manipularea emoțională, trăsături adesea asociate cu tulburarea narcisistă de personalitate.

Literatura fantastică oferă, de asemenea, exemple convingătoare ale acestei dinamici, în special în romanele cu vampiri. În „Interviu cu vampirul" de Anne Rice, relația dintre Louis de

Pointe du Lac și creatorul său, Lestat de Lioncourt, este una de dependență și manipulare emoțională. Lestat, o figură carismatică și narcisistă, exercită control asupra lui Louis, care se luptă cu noua sa existență și cu implicațiile morale ale faptului de a fi vampir. Continuarea, Vampire Lestat, pătrunde în trecutul lui Lestat, dezvăluind dinamica complexă a puterii și manipularea emoțională care caracterizează relațiile sale cu alți vampiri.

Prin echivalarea abuzului emoțional cu dinamica iubirii și a relațiilor, aceste povești fictive contribuie, de asemenea, la normalizarea abuzului psihologic, în special a manipulării narcisiste. Oamenii s-au obișnuit să accepte bolile psihice ca făcând parte din viață și apoi se întreabă de ce relațiile lor sunt o mizerie nesatisfăcătoare atunci când dau semne de toxicitate și de ce un procent mare din femeile lumii nu se căsătoresc și nu-și pot găsi un soț.

Conform proiecțiilor recente ale Morgan Stanley, 45% dintre femeile cu vârste cuprinse între 25 și 44 de ani din Statele Unite vor fi singure până în 2030. Acesta este cel mai mare procent de femei singure din această grupă de vârstă înregistrat vreodată în istorie. Tendințe similare se manifestă la nivel mondial, procentul femeilor singure din China urmând să crească de la 39% în 2021 la aproximativ 44% în 2030. Dacă aceste tendințe se mențin, aproximativ jumătate sau mai mult din femeile din economiile majore, cum ar fi Statele Unite și China, ar putea fi singure și fără copii până în 2040, procente similare fiind probabile și în alte părți ale lumii.

Între timp, se estimează că aproximativ 20 % din populația lumii are trăsături narcisiste, iar acest procent este în creștere, ceea ce înseamnă că din ce în ce mai mulți oameni vor trebui să înțeleagă cum să evalueze posibilele relații și să depășească abuzul narcisist în diverse contexte. Mai mulți factori contribuie la răspândirea rapidă a trăsăturilor narcisiste în societatea actuală:

1. social media și tehnologia: apariția platformelor care încurajează autopromovarea și autoprezentarea curată a normalizat egolatria excesivă și preocuparea pentru aspect. Studiile au legat utilizarea problematică a smartphone-urilor de o creștere a tendințelor narcisiste.

2. Accentul pus de societate pe stima de sine: Eforturile bine intenționate de a promova stima de sine, în special în mediile educaționale, pot fi promovat în mod inadvertit tendințele narcisiste prin concentrarea asupra stimei de sine fără a sublinia empatia și responsabilitatea socială.

3. Influența mass-media: Expunerea crescută la cultura celebrităților și la stilurile de viață idealizate prin diverse canale media poate consolida aspirațiile narcisiste și așteptările nerealiste.

4. Factorii economici: Unii cercetători susțin că sistemele economice care recompensează autopromovarea și realizarea individualistă pot consolida involuntar comportamentul narcisist.

5. Scăderea implicării comunitare: Odată cu slăbirea structurilor comunitare tradiționale, pot exista mai puține oportunități pentru indivizi de a-și dezvolta empatia și conștiința socială prin experiențe colective.

Capitolul 19: Prietenii narcisiste

Normalizarea trăsăturilor narcisiste, entuziasmul care pătrunde în romanele și filmele care descriu comportamente narcisiste și admirația generală pentru celebritățile care manifestă atitudini narcisiste determină societatea să devină inconștient atrasă de aceste personalități și chiar tolerantă față de abuzurile pe care le primesc. Această popularitate a narcisismului devine și mai atractivă pentru narcisiștii înșiși, care îi admiră ca modele de urmat.

În consecință, la fel cum narcisiștii dezvoltă o apreciere pentru alți narcisiști datorită naturii lor de a admira trăsăturile narcisiste la alții și ajung în relații cu alți narcisiști, unde primesc răsplata karmică pentru ceea ce le fac altora, ei par, de asemenea, să găsească confort în prietenii care prezintă trăsături narcisiste. Acestea sunt persoanele care le validează și le încurajează comportamentul narcisist. Aceste persoane nu le spun niciodată să se îmbunătățească sau să se schimbe și, în schimb, le laudă abuzurile și lipsa de respect față de ceilalți. Narcisiștilor le place acest lucru pentru că au creierul unui copil. Le place să fie favorizați și lăudați pentru că se comportă ca un copil imatur.

Pe de altă parte, doar idioții îl văd pe narcisist ca pe cineva demn de admirație și, deloc surprinzător, mulți dintre acești idioți sunt ei înșiși narcisiști. Este ca și cum ai privi cum se adună o legiune de demoni, dintre care unul este mai necinstit și mai manipulator decât ceilalți care îl admiră pentru confort și afirmare.

Din aceste motive, cred că ceea ce îl atrage pe narcisist la empatic este același motiv pentru care îl urăște pe empatic, și anume naivitatea empaticului. Acest lucru este exprimat într-o întrebare simplă pe care mulți narcisiști o pun victimei lor: De ce vrei să fii cu mine?

Aceste femei nu pot înțelege de ce cineva știe că sunt rele și totuși vrea să fie cu ele și să le facă să se simtă validate.

Conceptul de băiat rău reprezintă cealaltă latură a acestui fenomen, deoarece femeile cu un caracter negativ sunt atrase de bărbați de aceeași natură. Cu cât o femeie este mai rea, cu atât este mai atrasă de bărbații cu un caracter similar. De aceea toate ajung singure după 40 de ani și încă mai cred că problema nu este la ele, ci la bărbații pe care îi cunosc, ca și cum nu ar descrie bărbații narcisiști și nu întreaga populație masculină.

Cei care știu că cineva este rău îl vor trata ca atare, ceea ce face mai ușor pentru personalitatea rea să nu se mai prefacă, să se relaxeze și să se simtă acceptată. Ei confundă acest lucru cu dragostea, dar nu există dragoste în aceste relații, ci doar narcisiști care se oglindesc reciproc. De aceea ajung să se îndrăgostească de bărbații care le-au rănit.

Aceste femei se așteaptă ca bărbații narcisiști să le întoarcă dragostea pentru că sunt singurul tip de bărbat de care pot fi cu adevărat atrase, iar când spun: „L-am părăsit pentru că era narcisist", ascund ceea ce mai târziu confirmă că este adevărul: au fost abandonate de un narcisist.

Pentru narcisist, există doar două tipuri de oameni: cei puternici și cei slabi. Cei puternici sunt cei care profită de alții, în timp ce cei slabi sunt cei care au nevoie de alții pentru a supraviețui. Prin urmare, ei se folosesc de cei slabi, dar sunt atrași de cei puternici, ceea ce înseamnă că sunt atrași de atenția pe care o oferă un empatic, la fel cum sunt atrași de validarea pe care o oferă un narcisist. Ei iubesc puternicul cu abuzul lor la fel de mult pe cât se tem de el.

Iată povești ale unor oameni care se plâng de soții lor, dar continuă să se întoarcă la ei. Prinși în propriile iluzii, narcisiștii acționează ca și cum singura modalitate de a supraviețui este să se alieze cu cei pe care îi consideră puternici și să creeze campanii de defăimare în jurul celor pe care îi consideră amenințări la adresa nesiguranței lor.

Ei sunt atrași de atenția empaticului în aceeași măsură în care sunt respinși de calitățile acestuia și sunt atrași de validarea unui alt narcisist în aceeași măsură în care se tem să nu fie abandonați. În mod normal, narcisiștii se clatină în relațiile lor cu empaticii și cu alți narcisiști din aceste motive.

Cu toate acestea, nivelul de insecuritate pe care îl resimt poate fi atât de profund încât fac eforturi mari în campaniile lor de defăimare pentru a invalida pe cineva, ceea ce înseamnă că își distrug mereu propriile relații.

Capitolul 20: Relațiile tranzacționale

Poate cel mai comun paradox al comportamentului narcisist este acela că aceștia caută atenție de la cei pe care îi disprețuiesc. Ei fac acest lucru doar atâta timp cât aceste persoane le sunt utile, iar mai târziu se descotorosesc de ele și le ignoră atunci când nu mai este cazul. Între timp, le vor denigra reputația și chiar vor răspândi zvonuri false care contrazic tipul de valoare pe care îl văd în cealaltă persoană. Acesta a fost cazul unui scriitor francez pe care l-am întâlnit în Grecia, care a insinuat oamenilor că am pisici moarte în casă sau că pisicile au dispărut în zonă de când am sosit. Încerca să-i facă pe oameni să creadă că ucid pisici pentru distracție, jucându-se cu gândurile lor paranoice, iar oamenii erau suficient de retardați mintal pentru a-l crede, motiv pentru care am avut neînțelegeri cu unii care susțineau că le-am otrăvit pisica.

Există atât de mulți oameni proști pe această planetă încât vor crede orice le spui, chiar și cele mai ridicole lucruri. Ei sunt predispuși la tulburări paranoice de personalitate, de care narcisistul profită din plin. Narcisistul este suficient de bun pentru a-i înșela pe ceilalți și a obține ceea ce își dorește, indiferent cât de absurd este ceea ce spune, pentru că știe că oamenii sunt suficient de proști pentru a-l crede.

Narcisiștii cred, de asemenea, că toată lumea vrea să fure puținul pe care îl au și, prin urmare, cred, de asemenea, că dacă împărtășesc și învață ceea ce știu, vor pierde avantajul pe care îl au față de ceilalți. În schimb, ei încearcă să obțină și să mențină acest avantaj adunând informații despre ceilalți oameni, fie prin bârfe, fie prin false demonstrații de altruism și prietenie. Ei vorbesc fără să vorbească, dorind să obțină informații, dar fără să dezvăluie nimic despre ei înșiși sau despre ceea ce știu. Puteți vedea acest lucru clar atunci când refuză să răspundă la aceleași întrebări pe care vi le pun și dumneavoastră.

Nivelul de inteligență al unui narcisist se limitează la el însuși, motiv pentru care pot părea experți în înșelăciune, manipulare și minciună, dar sunt incredibil de proști la orice altceva. Ei sunt incapabili să empatizeze cu ceilalți sau să vadă lucrurile din perspectiva lor. Narcisiștii nu știu să aibă încredere, să coopereze sau să lucreze cu ceilalți pentru că ei văd totul ca pe o competiție, așa că, în schimb, ei văd interacțiunile lor ca pe niște schimburi. Dacă nu există nimic de schimbat, preferă să îl abandoneze pe celălalt individ sau chiar să îl lase să moară singur. Ei nu înțeleg valoarea schimbului de gânduri și percepții pentru că nu face parte din realitatea lor. De fapt, narcisiștii nu au decât dispreț pentru un partener sau un prieten bolnav și ar prefera să petreacă toată noaptea cu alți oameni decât să rămână alături de un soț bolnav.

O analogie perfectă este industria farmaceutică, care profită de pe urma bolilor oamenilor și îi lasă să moară pe cei care nu-și permit medicamentele lor, în timp ce obligă medicii să prescrie anumite proceduri sub amenințarea de a-și pierde licența dacă nu o fac. Asta numesc eu intimidare la cel mai înalt nivel, cu protecția legii și a guvernelor. Medicii care încearcă să iasă din acest sistem prescriind tratamente mai eficiente sunt aruncați în închisoare.Este epuizant să ai de-a face cu narcisiștii pentru că aceștia absorb constant energia celorlalți și se comportă ca niște vampiri energetici în toate domeniile, incapabili să ofere sprijin sau recunoaștere. Sunt obsedați să obțină cât mai mult de la ceilalți, mai ales prin mijloace legale, și nu este de mirare că mulți dintre ei caută relații în guvern și în instituțiile guvernamentale. Sunt obsedați de putere pentru că știu că, având mai multă putere, pot abuza de mai mulți oameni cu mai puține consecințe.

Narcisiștii sunt afectați de o viziune egocentrică asupra lumii, adesea plină de stereotipuri, discriminare și prejudecăți. Se grăbesc să judece oamenii, formându-și o opinie în primele 5 secunde și petrecându-și apoi restul timpului încercând să demonstreze că observațiile lor sunt corecte. Acest lucru creează o situație în care ceilalți oameni se simt în mod constant devalorizați și nerespectați, deoarece sunt forțați să își dovedească valoarea în fața unor persoane care nu pot fi niciodată cu adevărat convinse.

Narcisiștii sunt incapabili să se răzgândească, incapabili să vadă perspectivele altor oameni sau să învețe din propriile greșeli, incapabili să înțeleagă că opiniile lor pot fi complet greșite sau influențate de experiența și viziunea lor limitată asupra lumii. În schimb, ei se bazează pe noțiuni preconcepute pentru a naviga în lumea din jurul lor și a-și justifica opiniile.

Atunci când avem de-a face cu narcisişti, ne trezim adesea încercând să ne dovedim valoarea şi să-l convingem pe narcisist de valoarea noastră, însă acest demers este zadarnic, deoarece narcisistul nu are niciun interes să asculte, să înveţe sau să crească din experienţă. Se concentrează doar pe propriile puncte de vedere şi nu le va schimba, indiferent de câte dovezi i se prezintă.

Acest lucru creează un sentiment de frustrare şi inadecvare în cazul persoanelor care sunt judecate în mod constant fără niciun motiv sau dovadă reală. În timp, confruntarea cu narcisiştii poate avea un impact negativ semnificativ asupra sănătăţii mintale a unei persoane. Confruntarea cu narcisiştii poate contribui semnificativ la anxietate, depresie şi alte probleme de sănătate mintală. Acest lucru este valabil mai ales atunci când ai de-a face cu narcisişti în mod regulat, deoarece situaţia devine mai intensă şi mai greu de evitat, în special într-un mediu de birou. Acest lucru creează un sentiment de deconectare care poate fi dificil de depăşit.

După o perioadă de convieţuire cu narcisiştii, epuizaţi, putem cădea în apatie şi ne putem pierde motivaţia pentru lucrurile care obişnuiau să ne aducă bucurie, iar asta este exact ceea ce vor ei - distrugerea vieţii celor care le ameninţă existenţa. Ei încearcă să epuizeze luminile lumii, înjosindu-le şi făcându-le apatice. Ei sunt ucigaşii bucuriei. Sunt ceea ce noi numim personalităţi toxice. Le numim toxice pentru că ne otrăvesc - ne tocesc simţurile, ne fură vitalitatea, ne epuizează fizic şi psihic şi ne fac să acţionăm iraţional.

Capitolul 21: Înțelegerea și tratarea narcisismului

Progresele recente în imagistica cerebrală și cercetarea cognitivă au aruncat o lumină nouă asupra tulburării narcisiste de personalitate (NPD), oferind noi perspective asupra motivelor pentru care persoanele cu această afecțiune se comportă așa cum o fac. Această înțelegere în creștere nu numai că ajută la explicarea trăsăturilor narcisiste, dar indică și tratamente mai eficiente.

La baza acestei tulburări se află o serie de diferențe în funcționarea creierului, în principal în zonele responsabile pentru conștiința de sine, empatie și controlul emoțional. Cortexul prefrontal, o regiune esențială pentru aceste funcții, prezintă o activitate redusă la persoanele cu narcisism. Acest lucru ajută la explicarea dificultății de a controla impulsurile, a lipsei de empatie și a dificultății de a gestiona emoțiile. Dar acesta nu este sfârșitul poveștii. Creierul este o rețea complexă și, la narcisiști, conexiunile dintre diferite zone sunt, de asemenea, alterate.

De exemplu, conexiunea dintre cortexul prefrontal şi amigdala, o regiune implicată în procesarea emoţiilor, este întreruptă. Acest lucru duce la răspunsuri emoţionale intense şi la tendinţa de a percepe chiar şi criticile mici ca pe o ameninţare majoră.

Un alt factor important este sistemul de recompensare al creierului. La persoanele cu narcisism, acest sistem este prea sensibil la laude şi admiraţie, dar mai puţin sensibil la feedback-ul negativ. Acest dezechilibru alimentează nevoia constantă de validare şi dificultatea de a învăţa din greşeli care caracterizează comportamentul narcisist.

Sistemul neuronilor oglindă, care ne ajută să-i înţelegem şi să empatizăm cu ceilalţi, funcţionează, de asemenea, diferit la narcisişti. Activitatea redusă în acest sistem poate explica de ce persoanele narcisiste au dificultăţi în a se conecta emoţional cu ceilalţi şi tratează adesea oamenii ca pe nişte obiecte, mai degrabă decât ca pe nişte indivizi cu propriile sentimente şi nevoi.

În plus, reţeaua modulului implicit, un set de regiuni ale creierului care devin active atunci când ne gândim la noi înşine sau la alţii, prezintă modele modificate la narcisişti. Acest lucru poate contribui la tendinţa narcisistului de a interpreta totul în funcţie de modul în care îl afectează pe el, neglijând adesea perspectivele celorlalţi.

Deşi aceste diferenţe cerebrale descriu o imagine complexă, este important de reţinut că creierul se poate schimba. Acest concept, cunoscut sub numele de neuroplasticitate, oferă speranţe pentru tratament. El sugerează că, cu intervenţiile potrivite, aceste tipare neuronale pot fi remodelate. Dar dezvoltarea tulburării narcisiste de personalitate nu ține doar de structura creierului. Este o interacțiune complexă între genetică, experiențele din copilărie și mediu. Anumite variații genetice pot crește riscul de a dezvolta trăsături narcisiste, dar aceste gene interacționează cu experiențele de viață, în special în timpul copilăriei. Experiențele de neglijare, abuz sau laudă excesivă pot afecta semnificativ dezvoltarea creierului și pot contribui la apariția trăsăturilor narcisiste.

Cercetările recente au început, de asemenea, să exploreze modul în care stresul cronic și inflamația pot juca un rol în tulburarea de personalitate narcisistă. Stresul pe termen lung poate perturba sistemul de răspuns la stres al organismului, contribuind potențial la instabilitatea emoțională observată în tulburarea de personalitate narcisistă.

Înțelegerea acestor baze biologice are implicații importante pentru tratament. În general, terapiile tradiționale de vorbire au avut un succes limitat în cazul narcisiștilor, probabil pentru că nu abordează diferențele cerebrale subiacente. Cu toate acestea, apar noi abordări care iau în considerare acești factori neurologici. De exemplu, tehnicile de neurofeedback vizează creșterea activității în cortexul prefrontal, ceea ce poate îmbunătăți reglarea emoțională. Unii cercetători explorează medicamente care vizează sisteme neurotransmițătoare specifice implicate în tulburarea de personalitate narcisistă, deși această abordare necesită un studiu atent pentru a asigura siguranța și eficacitatea.

Mai multe abordări psihoterapeutice sunt promițătoare pentru tratamentul narcisismului:

1. Psihoterapia centrată pe transfer (TFP) urmărește să abordeze reprezentările interne fragmentate ale sinelui și ale celorlalți care contribuie la comportamentul narcisist.

2. Tratamentul bazat pe mentalizare (MBT) se concentrează pe îmbunătățirea capacității de a înțelege stările mentale proprii și ale celorlalți, îmbunătățind potențial empatia și cogniția socială.

3. Terapia schematică lucrează pentru a identifica și schimba convingerile și modelele adânc înrădăcinate care stau la baza trăsăturilor narcisiste.

Deși aceste terapii diferă în abordările lor specifice, toate vizează remodelarea căilor neuronale asociate cu percepția de sine și relațiile interpersonale.

Înțelegerea crescândă a bazei biologice a tulburării narcisiste de personalitate subliniază, de asemenea, importanța intervenției timpurii. Identificarea timpurie a persoanelor cu risc și acordarea unui sprijin adecvat pot modifica cursul dezvoltării personalității narcisiste.

Pe măsură ce cercetările continuă, ne putem aștepta la tratamente și mai specifice și mai personalizate pentru tulburarea de personalitate narcisistă. Integrarea imagisticii cerebrale în planificarea tratamentului ar putea permite adaptarea terapiilor la tiparele neuronale specifice fiecărui individ. Prin reducerea decalajului dintre neuroștiințe și psihologie, ne îndreptăm către modalități mai eficiente de tratare a acestei afecțiuni dificile. Deși tulburarea de personalitate narcisistă rămâne complexă, aceste descoperiri oferă o cale care promite rezultate mai bune pentru persoanele cu trăsături narcisiste şi pentru cei din jurul lor.

Capitolul 22: Demascarea narcisistului

În centrul comportamentului narcisist se află un amestec paradoxal de grandoare și nesiguranță, o nevoie constantă de admirație combinată cu o lipsă profundă de empatie. Această combinație toxică creează o forță distructivă care se răspândește în familii, la locul de muncă și în societate în general. După cum am văzut, narcisiștii sunt conduși de o dorință insațiabilă de putere și control, recurgând adesea la manipulare, minciuni și abuz emoțional pentru a-și menține superioritatea percepută.

Atacurile constante, atât manifeste, cât și ascunse, îi pot face pe oameni să se simtă fără speranță și să-și pună la îndoială sănătatea mintală. Acest război psihologic este deosebit de insidios deoarece trece adesea neobservat de ceilalți, persoana obișnuită negând sau respingând dovezile din fața ochilor săi. Această orbire a societății în fața abuzului narcisist perpetuează un ciclu de victimizare și permite narcisiștilor să își continue nestingheriți comportamentul distructiv.

Efectele abuzului narcisist merg mult dincolo de victima imediată, afectând familii întregi și chiar generații viitoare. Copiii crescuți în case dominate de părinți narcisiști interiorizează adesea viziuni distorsionate asupra iubirii și relațiilor, echivalând conflictul și reconcilierea cu afecțiunea autentică. Această normalizare a dinamicii toxice poate duce la perpetuarea tiparelor abuzive, deoarece victimele caută sau recreează inconștient medii familiale haotice în relațiile lor adulte. Rata în creștere a persoanelor singure și fără copii în marile economii poate fi atribuită, în parte, provocărilor de a naviga prin relații într-o lume în care comportamentul narcisist devine tot mai frecvent.

Cultura populară romanțează adesea aceste relații intense și încărcate emoțional, după cum o demonstrează succesul romanelor cu narcisiști. Această fascinație culturală pentru dinamica narcisistă contribuie la normalizarea abuzului psihologic și poate face mai dificil pentru victime să recunoască și să scape de situațiile toxice.

Expunerea constantă la viziunea lor asupra lumii, plină de judecăți și centrată pe sine, poate duce la anxietate, depresie și un sentiment general de inadecvare al victimelor. Incapacitatea narcisiștilor de a se răzgândi sau de a lua în considerare perspective alternative creează o dinamică epuizantă în care ceilalți sunt forțați în permanență să își demonstreze valoarea, adesea fără succes. Această devalorizare neîncetată poate submina stima de sine și duce la pierderea motivației și a bucuriei de a trăi.

Recunoașterea socială a prevalenței și a naturii distructive a comportamentului narcisist este esențială pentru crearea unui mediu de sprijin pentru victime şi pentru tragerea la răspundere a autorilor. Prin expunerea puterii distructive din spatele comportamentului narcisist şi prin înţelegerea consecinţelor sale profunde, putem începe să dezvoltăm strategii pentru a combate influenţa acestuia şi pentru a promova legături mai sănătoase şi mai empatice în viaţa noastră personală şi în societate în ansamblu. Cu o mai mare conştientizare, sprijin şi un angajament faţă de dezvoltarea personală, este posibil să ne eliberăm din ciclul toxicităţii şi să ne recâştigăm sentimentul valorii de sine.

Glosar

Abuz: Tratarea dăunătoare sau crudă a unei alte persoane. În contextul NPD, aceasta poate include maltratarea emoțională, psihologică sau fizică.

Amigdala: O regiune a creierului implicată în procesarea emoțiilor. La persoanele cu NPD, legătura dintre amigdală și cortexul prefrontal este adesea întreruptă, ceea ce duce la reacții emoționale intense.

Eroul byronic: Arhetip de personaj adesea asociat cu trăsăturile narcisiste, caracterizat printr-o personalitate complexă, adesea întunecată, care este deopotrivă atractivă și respingătoare.

Tulburări de personalitate de grup B: Un grup de tulburări de personalitate caracterizate prin gândire sau comportament dramatic, excesiv de emoțional sau neregulat. NPD este clasificată în acest grup.

Ostilitate ascunsă: O formă subtilă de agresiune în care narcisistul își exprimă ostilitatea indirect, de obicei prin comportament pasiv-agresiv sau manipulare.

Rețeaua modului implicit: Un set de regiuni ale creierului care sunt active atunci când se gândesc la sine sau la alții. În cazul NPD, această rețea prezintă modele alterate, contribuind la interpretarea egocentrică a evenimentelor.

Empat: o persoană foarte sensibilă la emoțiile și sentimentele celorlalți. Empaticii sunt adesea atrași de narcisiști, creând o dinamică relațională disfuncțională.

Reținerea emoțiilor: O tactică folosită de narcisiști (și uneori de victimele lor) pentru a-i controla sau a-i pedepsi pe ceilalți prin reținerea afecțiunii sau a aprobării.

Gaslighting: O formă de manipulare psihologică prin care narcisistul face victima să își pună la îndoială propriile percepții, amintiri sau sănătatea mintală.

Grandiositate: Un sentiment exagerat de importanță de sine, o caracteristică fundamentală a NPD.

Lipsa de empatie: Incapacitatea de a înțelege sau de a împărtăși sentimentele celorlalți, o caracteristică a NPD.

Manipulare: Acțiunea de a controla sau influența pe cineva într-un mod inteligent sau fără scrupule. Narcisiștii folosesc adesea manipularea pentru a-și atinge scopurile.

Tratamentul bazat pe mentalizare (MBT): Abordare psihoterapeutică care se concentrează pe îmbunătățirea capacității de a înțelege stările mentale proprii și ale celorlalți, îmbunătățind potențial empatia și cogniția socială la persoanele cu NPD.

Sistemul neuronilor oglindă: o rețea din creier care ne ajută să înțelegem și să empatizăm cu ceilalți. Acest sistem prezintă o activitate redusă la persoanele cu NPD.

Tulburarea de personalitate narcisistă (NPD): o afecțiune psihică caracterizată printr-un sentiment exagerat de importanță de sine, o nevoie profundă de atenție și admirație excesive și o lipsă de empatie față de ceilalți.

Neuroplasticitate: capacitatea creierului de a forma noi conexiuni neuronale și de a-și modifica structura. Acest concept oferă speranțe pentru tratamentul NPD prin intervenții specifice.

Cortexul prefrontal: O regiune a creierului esențială pentru conștientizarea de sine, empatie și control emoțional. Persoanele cu NPD prezintă, în general, o activitate redusă în această zonă.

Sistemul de recompensă: Mecanismul creierului pentru procesarea plăcerii și a motivației. În cazul NPD, acest sistem este excesiv de sensibil la laude, dar mai puțin sensibil la feedback negativ.

Țap ispășitor: O persoană care este învinovățită sau criticată pentru faptele, greșelile sau eșecurile altora, în special într-o familie sau într-o dinamică de grup controlată de un narcisist.

Schema terapeutică: Abordare psihoterapeutică care lucrează pentru a identifica și schimba convingerile și modelele adânc înrădăcinate care stau la baza trăsăturilor narcisiste.

Auto-humilire: Acțiunea de a se umili sau de a se subestima. Narcisiștii folosesc adesea această tactică asupra victimelor lor pentru a menține controlul.

Autodeprecierea: Acțiunea de a se subaprecia sau de a se subestima, folosită de obicei ca un mecanism de apărare sau pentru a părea umil. Exemplu: „Oh, sunt un bucătar groaznic. Chiar nu ar trebui să vă aşteptaţi la prea multe de la mâncarea mea."

Iubirea de sine: O stare de apreciere faţă de sine care se dezvoltă în urma unor acţiuni care susţin creşterea fizică, psihologică şi spirituală. În contextul vindecării abuzului narcisist, este esenţial să se dezvolte iubirea de sine.

Psihoterapie centrată pe transfer (TFP): O abordare psihoterapeutică care îşi propune să abordeze reprezentările interne fragmentate ale sinelui şi ale celorlalţi care contribuie la comportamentul narcisist.

Legătură forţată de traumă: Fenomen psihologic în care victimele abuzurilor formează legături emoţionale puternice cu agresorii lor, observat de obicei în relaţiile care implică narcisişti.

Fraze declanşatoare: cuvinte sau propoziţii specifice utilizate de narcisişti pentru a provoca reacţii emoţionale specifice în victimele lor, de obicei menite să manipuleze, să creeze confuzie sau să ignore experienţele victimei.

Schimbarea valenţei: O schimbare a încărcăturii emoţionale sau a semnificaţiei unei situaţii sau a unei relaţii. În contextul NPD, acest lucru se poate referi la modul în care victimele pot adopta trăsături narcisiste ca mecanism de coping.

Victimă: o persoană care a suferit un abuz narcisist. Uneori, victimele însele pot adopta trăsături narcisiste ca mecanism de apărare.

Bibliografie

Asociația Americană de Psihiatrie (2013). Manual de diagnostic și statistică a tulburărilor mintale (ed. a 5-a).

Arias, J. (2008). Cazul lui Jodi Arias și Travis Alexander: Manipulare și crimă.

Blanchard, G. R. (2015). Cazul Gypsy Rose Blanchard: Abuz și represalii.

Brontë, C. (1847). Jane Eyre. Smith, Elder & Co.

Broderick, B. (1989). Cazul Betty Broderick: Abuz emoțional și represalii.

Challen, S. (2019). Cazul Sally Challen: Control coercitiv și recurs juridic.

Edwards, J. (2006). Cazul lui John Edwards și Rielle Hunter: Scandal politic și pierdere personală.

Ghodratollahifard, M., Mohammadkhani, P., Pourshahbaz, A., & Dolatshahi, B. (2020). Trauma din copilărie și dezvoltarea tulburărilor de personalitate. Journal of Child Psychology and Psychiatry, 61(7), 789-796.

Girhotra, R. (1990). Povestea lui Ruchika Girhotra: Abuzul și lupta juridică.

Harris, C. (2002). Cazul Clara Harris: Infidelitate și crimă.

Howard, J. (2022). Trăind martiriul: Înțelegerea peisajului emoțional al victimelor abuzurilor. Psychology Today.

Lahav, Y., Stein, D., Ginzburg, K., & Solomon, Z. (2020). Agresiunea internă și externă la victimele abuzului narcisist. Journal of Traumatic Stress, 33(2), 155-165.

Maffini, C. S., Goodman, G. S., Lyons, K. E., Newton, E. K., & Ogle, C. M. (2021). Terapia cognitiv-comportamentală informată de traumă pentru victimele abuzului narcisist. Clinical Psychology Review, 83, 101935.

Määttä, K., Uusiautti, S., & Määttä, M. (2012). Victime ale abuzului narcisist. Journal of Personality Disorders, 26(6), 847-868.

Cazul fraților Menendez (1989). Lyle și Erik Menendez condamnați pentru uciderea părinților lor.

Morgan Stanley (2021). Proiecții privind femeile singure în Statele Unite și China.

Pew Research Centre. (2018). Obiceiuri de lectură în Statele Unite.

Rice, A. (1976). Interviu cu vampirul. Alfred A. Knopf.

Rice, A. (1985). Vampirul Lestat. Alfred A. Knopf.

Diverși autori. Neuroplasticitate și abordări de tratament pentru tulburarea narcisistă de personalitate.

Diverși autori. Psihoterapia centrată pe transfer (TFP), tratamentul bazat pe mentalizare (MBT) și terapia schematică pentru NPD.

Organizația Mondială a Sănătății (OMS). Rata globală a sinuciderilor.

Cerere de recenzie de carte

Dragă cititorule,

Îți mulțumim că ai cumpărat această carte! Mi-ar plăcea să primesc vești de la dumneavoastră. Scrierea unei recenzii de carte ne ajută să ne înțelegem cititorii și, de asemenea, influențează deciziile de cumpărare ale altor cititori. Opinia dumneavoastră este importantă. Vă rugăm să scrieți o recenzie de carte! Bunăvoința dumneavoastră este foarte apreciată!

Despre autor

Dan Desmarques este un autor de renume, cu un palmares remarcabil în lumea literară. Cu un portofoliu impresionant de 28 de bestselleruri pe Amazon, inclusiv opt bestselleruri numărul 1, Dan este o figură respectată în industrie. Bazându-se pe trecutul său de profesor universitar de scriere academică și creativă, precum și pe experiența sa de consultant de afaceri experimentat, Dan aduce o combinație unică de expertiză în munca sa. Perspectivele sale profunde și conținutul său transformator se adresează unui public larg, acoperind subiecte atât de diverse precum creșterea personală, succesul, spiritualitatea și sensul profund al vieții. Prin intermediul scrierilor sale, Dan îi împuternicește pe cititori să se elibereze de limitări, să-și elibereze potențialul interior și să pornească într-o călătorie de autodescoperire și transformare. Pe o piață competitivă de auto-ajutorare, talentul excepțional și poveștile inspirate ale lui Dan fac din el un autor de excepție, motivându-i pe cititori să se implice în cărțile sale și să pornească pe calea creșterii și iluminării personale.

Scris tot de autor

1. 66 Days to Change Your Life: 12 Steps to Effortlessly Remove Mental Blocks, Reprogram Your Brain and Become a Money Magnet

2. A New Way of Being: How to Rewire Your Brain and Take Control of Your Life

3. Abnormal: How to Train Yourself to Think Differently and Permanently Overcome Evil Thoughts

4. Alignment: The Process of Transmutation Within the Mechanics of Life

5. Audacity: How to Make Fast and Efficient Decisions in Any Situation

6. Christ Cult Codex: The Untold Secrets of the Abrahamic Religions and the Cult of Jesus

7. Codex Illuminatus: Quotes & Sayings of Dan Desmarques

8. Collective Consciousness: How to Transcend Mass Consciousness and Become One With the Universe

9. Creativity: Everything You Always Wanted to Know About How to Use Your Imagination to Create Original Art That People Admire

10. Deception: When Everything You Know about God is Wrong

11. Demigod: What Happens When You Transcend The Human Nature?

12. Discernment: How Do Your Emotions Affect Moral Decision-Making?

13. Eclipsing Mediocrity: How to Unveil Hidden Realities and Master Life's Challenges

14. Fearless: Powerful Ways to Get Abundance Flowing into Your Life

15. Feel, Think and Grow Rich: 4 Elements to Attract Success in Life

16. Find Your Flow: How to Get Wisdom and Knowledge from God

17. Holistic Psychology: 77 Secrets about the Mind That They Don't Want You to Know

18. How to Change the World: The Path of Global Ascension

Through Consciousness

19. How to Get Lucky: How to Change Your Mind and Get Anything in Life

20. How to Improve Your Self-Esteem: 34 Essential Life Lessons Everyone Should Learn to Find Genuine Happiness

21. How to Study and Understand Anything: Discovering The Secrets of the Greatest Geniuses in History

22. Legacy: How to Build a Life Worth Remembering

23. Religious Leadership: The 8 Rules Behind Successful Congregations

24. Reset: How to Observe Life Through the Hidden Dimensions of Reality and Change Your Destiny

25. Resilience: The Art of Confronting Reality Against the Odds

26. Singularity: What to Do When You Lose Hope in Everything

27. Spiritual Warfare: What You Need to Know About Overcoming Adversity

28. Starseed: Secret Teachings about Heaven and the Future of Humanity

29. Technocracy: The New World Order of the Illuminati

and The Battle Between Good and Evil

30. The 10 Laws of Transmutation: The Multidimensional Power of Your Subconscious Mind

31. The 14 Karmic Laws of Love: How to Develop a Healthy and Conscious Relationship With Your Soulmate

32. The 33 Laws of Persistence: How to Overcome Obstacles and Upgrade Your Mindset for Success

33. The 36 Laws of Happiness: How to Solve Urgent Problems and Create a Better Future

34. The Alchemy of Truth: Embracing Change and Transcending Time

35. The Antagonists: What Makes a Successful Person Different?

36. The Antichrist: The Grand Plan of Total Global Enslavement

37. The Awakening: How to Turn Darkness Into Light and Ascend to Higher Dimensions of Existence

38. The Egyptian Mysteries: Essential Hermetic Teachings for a Complete Spiritual Reformation

39. The Evil Within: The Spiritual Battle in Your Mind Deception: When Everything You Know about God is Wrong

40. The Game of Life and How to Play It: How to Get Anything You Want in Life

41. The Hidden Language of God: How to Find a Balance Between Freedom and Responsibility

42. The Most Powerful Quotes: 400 Motivational Quotes and Sayings

43. The Secret Beliefs of The Illuminati: The Complete Truth About Manifesting Money Using The Law of Attraction That is Being Hidden From You

44. The Secret Empire: The Hidden Truth Behind the Power Elite and the Knights of the New World Order

45. The Secret Science of the Soul: How to Transcend Common Sense and Get What You Really Want From Life

46. The Spiritual Laws of Money: The 31 Best-kept Secrets to Life-long Abundance

47. The Spiritual Mechanics of Love: Secrets They Don't Want You to Know about Understanding and Processing Emotions

48. Unacknowledged: How Negative Emotions Affect Your Mental Health?

49. Unapologetic: Taking Control of Your Mind for a Happier and Healthier Life

50. Uncommon: Transcending the Lies of the Mental Health Industry

51. Unlocked: How to Get Answers from Your Subconscious Mind and Control Your Life

52. Your Full Potential: How to Overcome Fear and Solve Any Problem

53. Your Soul Purpose: Reincarnation and the Spectrum of Consciousness in Human Evolution

Despre editor

Această carte a fost publicată de Editura 22 Lions Publishing.

www.22Lions.com

Printed in the USA
CPSIA information can be obtained
at www.ICGtesting.com
CBHW061837091024
15572CB00017B/1388